跡見花蹊

Atomi Kakei

女子教育の先駆者

泉 雅博・植田恭代・大塚 博 著

ミネルヴァ書房

はじめに

跡見花蹊《あとみかけい》は、天保一一（一八四〇）年四月九日、摂津国木津村（現大阪市浪速区・西成区）で、旧家跡見家の第二子・次女として生まれた。花蹊は号で、本名は瀧野という。当時、父重敬《しげよし》は自宅で塾を営んでいたが、花蹊は幼い頃から利発な子で、早くから父を助けて代稽古をするなど、学ぶことと教えることとを重ねつつ成長していった。また、絵を画くことも好きで、十二歳の頃から本格的に師につくやすぐにその才能を顕しはじめ、若くして屛風や襖などの揮毫を次々と頼まれたほどであった。

安政五（一八五八）年に父重敬が木津村の塾を大坂中之島に移してからは、塾の経営を担ったのは花蹊であった。学ぶこと、教えること、画くことに加えて、経営する者としての力も蓄えていった。この中之島の塾の時代こそ、今日まで続く跡見学園の淵源であったと言えるだろう。

その後、慶応元（一八六五）年には京都へ移り、幕末の動乱期を渦中の人として生きた。天皇親政となったのち、明治三（一八七〇）年には東京へ居を移した。花蹊は東京でもはじめ塾を営んだが、明治八（一八七五）年、本格的な学校として跡見学校（今日の跡見学園）を創設した。

以来、跡見花蹊は、大正一五（一九二六）年一月一〇日に八十七歳で亡くなるまで、日本の女子教育の先駆者として、女子教育の充実と発展に生涯をかけて尽くした。

花蹊の女子教育は、教養と芸術（書画）を重んじながら、授業ばかりでなく生活そのものを通して、女性としての立ち居振る舞いや己を侍した心の在り方を身につけさせようとするものであった。そうした女性の育成を可能にしたのは、厳格でありながら温かく、包容力に富み、洒脱でもあった花蹊その人の人間的な魅力であった。伝統を重んじつつも改革をいとわず、優しさとともに芯の強さを求めた花蹊の理念は、今も跡見学園に脈々と受け継がれている。

教育者であり、芸術家でもあった跡見花蹊は、幕末から明治、大正の時代を高い志を持って生き抜いた女性としてまことに稀有な存在である。その生涯を多くの方に知っていただくことは、女子教育の面からばかりでなく、文化的・歴史的にも意義深いものであることは言うをまたない。これまでにも花蹊の生涯を記した書はあるが、時代も古く、現在では入手困難なものとなっている。稀有で魅力的な跡見花蹊の生涯をまとめ、できるだけ手にとっていただきやすい形で刊行すること、これが本書を上梓する目的である。

記述は文献を押さえたうえで、平易な文章を旨とし、本文中には図版を挿入して理解の助けとなるよう配慮した。巻末には跡見花蹊の書画作品、家系図、関連年表、事項索引などを付した。あわせて、跡見花蹊の生涯と魅力を知っていただければ幸いである。

大塚　博

跡見花蹊——女子教育の先駆者

目次

凡　例

本文中の跡見花蹊に関する引用文献の表記に関しては、以下のように統一した。
・『跡見花蹊日記』→『日記』
・『跡見学園女子大学五十年史』→『五十年史』
・『跡見花蹊先生実傳　花の下みち』→『花の下みち』

引用史料の文章表記に関しては、以下のように統一した。
・年齢はすべて数え年齢で数えた。
・明治五（一八七二）年一二月三日の改暦より以前は、陰暦の年月日を使用した。

第一章　跡見花蹊の誕生

第一節　瀧野と跡見家

瀧野の誕生とその時代

その日、跡見《あとみ》重敬《しげよし》、幾野《いくの》夫妻に二人目の子どもが誕生した。天保一一（一八四〇）年四月九日のことである。父重敬三十二歳、母幾野二十六歳、子の名は瀧野《たきの》と名付けられた。のちに花蹊と号するようになる。

重敬、幾野夫妻は六人の子どもを授かった。第一子は長女藤野《ふじの》、第二子が次女の瀧野で、第三子が長男重威《しげたけ》である。第四子菊野、第五子政野は夭逝していた。末子は次男で愛四郎《あいしろう》という。

瀧野が生まれた当時、父重敬は自宅で塾を営んでいた。家塾がいつから営まれていたかは不明である。しかし、跡見家の生計を維持するための主要な稼ぎであったから、重敬が幾野を妻に迎える天保六（一八三五）年九月以前には営まれていたことだろう。

重敬は、文化六（一八〇九）年八月一日生まれで、六人兄弟の五番目であった。長女梅子、次女柳子、三女弁子、長男勘左衛門、次男重敬、三男勝造の順となる。重敬の父は三右衛門というが、現在のところその生涯の多くは不明であり、母については名前もわからない。次男であった重敬が跡見家を継いだのは、長男の勘左衛門が京御旅町（寺町とも称される）の一族三宅家に入ったためである。

跡見家は、摂津国西成郡木津《きづ》村（現大阪市浪速区・西成区）の旧家であった。代々、村の庄屋役を務めてきた家柄であったが、後述のように重敬の祖父三右衛門の代に事情があり退役していた。一方、天保六年に重敬が二十七歳のとき妻に迎えた幾野は、木津村を南方へやや下った天王寺《てんのうじ》村天下茶屋《てんがぢゃや》の出身で、生家は寺田家といった。同家は代々天王寺村の年寄役を務めてきた家柄であり、跡見家とは縁戚関係にあった。幾野は文化一二（一八一五）年の生まれで、父親は善左衛門というが、重敬の父三右衛門の弟であったと伝わる。幾野と重敬はいとこ同士で、重敬に嫁いだとき幾野は二十一歳であった。

跡見瀧野が生まれた天保期の日本は、「内憂外患」の時代といわれている。国内では、激しい飢饉に見舞われ、百姓一揆や打ちこわしが続発した。周知のように、大坂では大塩の乱が勃発した。大坂町奉行所の元与力で陽明学者の大塩平八郎《おおしおへいはちろう》が、天保八（一八三七）年二月一九日、飢饉で苦しむ人びとの救済のために門弟や民衆を動員して武装蜂起をした事件である。この乱はわずか半日で鎮圧されたが、江戸・京と並ぶ三都の一つである大坂という幕府の重要な直轄都市で、幕府の元役人であった武士が主導し、時の権力に公然と武力で反抗したことは、幕府や諸藩に大きな衝撃を与えた。大塩は自宅で家塾洗心洞《せんしんどう》を開いていたが、手習塾とはいえ同じく塾を営んでいた跡見重敬の眼に、この事件はどのように映っていただろうか。のちに尊王攘夷の志を立て、京に上った重敬でもあるだけに関心が持たれる。

国内面ばかりでなく、対外面でも同じく天保八年六月、日本人漂流民七人を送還して米日間の貿易をはかろうと相模国の浦賀沖に現れたアメリカ商船モリソン号を、幕府が異国船打払令に基づいて撃退するという事件が起き、緊張感が高まっていた。この事件をめぐっては、渡辺崋山《わたなべかざん》や高野長英《たかのちょうえい》が幕府の対外政策を批判したため処罰されている。重敬にとっても、この事件は忽せにできない関心事であったのではないだろうか。

跡見花蹊
跡見学園女子大学
花蹊記念資料館所蔵

時代は、天保一二（一八四一）年に始まった天保の改革の失敗もあり混迷を深め、誰の眼にも幕府の衰退は明らかとなっていった。跡見瀧野はそのような時代に生まれたのである。

跡見家の系譜

跡見家の遠祖は迹見赤檮《とみのいちい》と伝わる。聖徳太子に仕え、大臣《おおおみ》の蘇我馬子《そがのうまこ》が大連《おおむらじ》の物部守屋《もののべのもりや》と戦ったとき守屋を討った人物といい、太子が四天王寺《してんのうじ》を建立したとき木津の地に来住し、以後連綿と続いてきた家柄という伝承を有する。赤檮以降は系譜上空白の時代が続き、三三代目として数えられる時代に、跡見次郎右衛門尉光重《あとみじろうえもんのじょうみつしげ》という人物の名が知られる。

宝暦四（一七五四）年五月、当時の跡見家当主三右衛門は幕府代官所の代官が交替した折、「跡見家由緒書」（『跡見家文書』）を認め新代官に提出している。そこには、次のような記事が見える。

私先祖、跡見赤檮より三十三代目、跡見次郎右衛門尉光重と申候て、郷士ニ罷成居候処、本願寺蓮如上人御代、弐百五拾七年以前、明応七午年御弟子ニ成、法名正雲ト給、正雲より只今ニ至、木津村ニて唯専寺ト申東本願寺末寺御座候

唯専寺《ゆいせんじ》とは跡見家の菩提寺であり、浄土真宗大谷派に属す。もとは天台宗で、明応七（一四九八）年に浄土真宗に改宗したと伝わるが、この記事はその間の経緯を物語るものでもあろうか。跡見家三三代次郎右衛門尉光重は「郷士」の身であったが、本願寺八世蓮如《れんにょ》に帰依し僧となり、法名を「正《しょう》雲《うん》」と賜ったという。この正雲の入寺によって、唯専寺は浄土真宗の寺院となったように読み取れる。同寺は、「木津御坊」あるいは「跡見御坊」と呼ばれ、迹見《あとみ》氏が住職を世襲して今日にいたっている。

引き続き、「跡見家由緒書」を見ていこう。ただし、以下では本文の引用は省略する。

跡見家は木津村の庄屋役を、重敬の祖父三右衛門の代まで務めていたが、その嫡矢が正雲から四代

目にあたる空善《くうぜん》弟の次郎右衛門の代からであり、寛永三（一六二六）年のことと由緒書は記す。木津村は大きな村であったから、庄屋も複数人存在した。しかし、寛延三（一七五〇）年には、庄屋役は跡見家だけで務めていたことがわかる史料が同家に伝わっている（『跡見家文書』）。

「跡見家由緒書」を著した三右衛門の祖父にあたる次郎右衛門は、慶安三（一六五〇）年に、当時の代官鈴木《すずき》三郎《さぶろう》九郎《くろう》より一字を賜り「三右衛門」と改名、苗字も改められ「林三右衛門」と名乗るようになったという。ただ、苗字「林」の由来については、現在のところつまびらかにしえない。

「跡見御坊」の刻字　唯専寺
筆者撮影

この次郎右衛門改め初代三右衛門は、羽織・袴の着用と脇差帯びを許され、役所表の役務を務めてきた。代官が小堀仁右衛門《こぼりにえもん》の時には、「大庄屋」の役務を仰せ付けられていたことも知られる。「跡見家由緒書」を著した三右衛門の父は、二代目三右衛門にあたる。大庄屋の制度が廃止されたことから村の庄屋に復帰していたが、羽織・袴の着用と脇差帯びは初代三右衛門同様に許されていた。

二代三右衛門は宝永六（一七〇九）年に亡くなっている。同人には、当時六歳になる三之助という子があった。この子が「跡見家由緒書」を著した三右衛門、つまり三代目の三右衛門にあたるが、何と六歳のときから庄屋役を仰せ付けられ、「一家後見」のもともとはいえ務めてきたという。しかも、幼少ながら、羽織・袴の着用と脇差帯びの格に変化はなかった。そして宝暦四年、五十一歳のとき、代官が亀田三郎兵衛《かめださぶろうべえ》に交替した折に、跡見家の由緒を書き上げ提出したのである。

この三代三右衛門のあとの四代三右衛門の時、天明八（一七八八）年、跡見家は木津村の庄屋役を辞することになる。五代三右衛門は瀧野の祖父にあたり、六代三右衛門は父の重敬となるが、いずれも庄屋役に就くことなく跡見家の江戸時代は過ぎていった。

跡見家の没落

花蹊（文脈により瀧野と花蹊を使い分ける）は後年、幼い頃を振り返り、次のような言葉を残している。

未だ四五歳の頃でありました。両親が私に向つて、よく申しますには、跡見家は不幸にして没落して居る、真に残念なことである。お前は女ながら奮発して、跡見家を盛立て、呉れねばならぬ。実に跡見家再興の任は、お前の肩に掛つて居るのだと云ふやうなことを繰返しますので、私は幼心にも大いに感激し、ゆく〳〵は屹度《きつと》、さう成りたいものであると、深く念《おも》つて居ました。

（『女の道』、一一九頁）

花蹊という人物が生み出されるうえで、没落した跡見家の再興という任が大きな意味を持ったことが、ここでは語られているといえよう。

跡見家の没落について花蹊は、次のような言葉も残している。

跡見家はもと、大阪木津の大庄屋でございますが、私の生れました時は、もう庄屋でもなく、家の財宝は悉く人手に渡して、氏神の牛頭天王《ごづてんのう》や、大黒様の宮司まで横領されて仕舞つて居りましたから、大分困難な時でございました。一村の謀反《むほん》の為に命も取られる所を、家財道具を渡して命を貰つた様な訳で、父の此の難儀を委しく申しますには、言はないでも済む人の名も云はなければなりませんから、たゞ庄屋を罷《や》めて、手習の師匠を初めた時分に、私は生れたと申せば分ります。

（『女の道』、一二七頁）

花蹊もまた無念を噛みしめていた跡見家没落の真相は、一体どこにあったのだろうか。跡見家に、天明八年作成の次のような史料が伝わっている。

乍恐口上

一当村庄屋三右衛門義、近年病身ニ付役儀相勤かたく候間、此度退役仕度奉願上候、尤跡役之儀者三右衛門家ニ而相応之人柄急々相見立、養子仕、跡役之儀奉願上相続可仕候間、跡役養子見立候迄者、年寄共ヲ以御年貢取立、其外御用向無滞様相勤可申候、右之趣庄屋三右衛門并年寄、惣百姓一同奉願上候間、乍恐此段御聞済被為　成下候ハヽ、難有奉存候、以上

天明八申年
　四月

庄屋　三右衛門
年寄　十弐人
百姓代　六人
惣百姓　連印

谷町
　御役所

（『跡見家文書』）

この当時の三右衛門は、重敬の祖父の四代目三右衛門にあたる。三右衛門は「病身」のため、天明八年に庄屋役を退いた。ところが当時、跡見家に庄屋役を引き継ぐのに相応しい人物がいなかった。そこで、「相応之人柄急々相見立」て「養子仕」るまでの一時的な措置として、庄屋役を年寄役の者たちに預けることにしたことが、この史料から判明する。

しかし、「一村の謀反の為」と述懐する花蹊の言からも推測されるように、三右衛門が病気のため庄屋役を退いたというのは表向きの理由であった。天明七（一七八七）年一二月時点における「庄屋役預り年寄」の主張によれば、三右衛門が庄屋役を務めていた期間に銀五六貫九〇〇目に及ぶ「村借銀」があり、そのなかに使途不明銀が存在したことが退役の理由として語られている（『跡見家文書』）。

当時の跡見家には借銀の返済能力はなく、しかも跡目相続人も不在の状態であったため、「跡相続人相定申候迄者、幾年ニ而茂相互ニ庄屋役、神主、廻り持支配ニ致置」くことに決したというものである。しかしその後、庄屋役も氏神牛頭天王社（祇園宮とも称される。現敷津松之宮）および境内摂社大国主神社の神主職も、跡見家に再び戻ってくることはなかった。跡見家では、この事態をとらえ「没落」と称していたのである。

跡見家も、ただ手をこまねいていたばかりではなかった。五代三右衛門の時代についてはわからないが、六代三右衛門、つまり四代三右衛門の孫の代にあたる瀧野の父重敬の時代にいたって、庄屋役と神主職を取り戻すための動きを見せていた。重敬は「村借銀」の存在を認めたうえで、それは木津村の年寄某の「為助命、莫大之借財引請」けたためであり、人助けのための借財であったと主張している（『跡見家文書』）。そのうえで、跡見家に「庄屋役并神主とも、可為相勤之儀者、譬幾年立候とも相互ニ申合之廉、不相崩之一札等も致し置在之」にもかかわらず戻さないのは、約束事の取り崩しであり「押領」にも等しい行為であると、当時の木津村庄屋を非難している。当時の木津村庄屋も、庄屋役を預かった年寄の孫の代にいたっていた。

一方、村の方でも、安政二（一八五五）年のことであるが、年寄七人、百姓代五人の連名で、跡見家の庄屋役復帰を願う文書を代官所宛に作成していたことが知られる（『跡見家文書』）。村のなかから跡見家が三代にわたって、「庄屋役中絶」になっている事態を憂える声が上がってきたものでもあろうか。翌安政三（一八五六）年が宝暦六（一七五六）年に亡くなった三右衛門、法名浄昌《じょうしょう》の百回忌に

跡見重敬ほか

前列向かって右から重敬、重威、千代瀧（藤野）。後列右から４番目は萬里小路通房夫人八重子。明治18（1885）年前後か。

跡見学園女子大学花蹊記念資料館所蔵

当たる機会をとらえ、当代の三右衛門を庄屋役に就けることを代官所に願おうとしていた。浄昌とは弱冠六歳で庄屋役を務めた三代三右衛門のことである。浄昌は「村ニ勤功在之者」として村人の尊敬を集めており、「村ニ成功致し候恩謝」のためにも、「格別由緒在之旧家」跡見家を庄屋役に復帰させることが「年寄共并百姓代一同示談」のうえ決められたというのである。また、当代の三右衛門重敬は、「人柄実躰成もの」と村人からは見られており、しかも大村の木津村には二人の庄屋役が立てられていたほうが、「猶更村方都而取締之廉も急度相立一同安心可仕与奉存候」との理由も添えられていた。

ところで、村からこのような願いが代官所に出されようとしていた安政二年より二年前の嘉永六（一八五三）年、周知のようにペリー率いる黒船が浦賀に来航、開国を迫られたことにより日本国の政情は一気に緊迫の度を加えていた。そのような最中、跡見重敬は尊王攘夷派公家の急先鋒と目されていた姉小路公知《あねがこうじきんさと》から出仕を求められることになる。瀧野には三つ年上の姉藤野がいたが、藤野はある機縁から姉小路家に奉公、公知の奥向きに仕えていた。おそらく、そうした縁からの出仕の要請であったと思われるが、加えて重敬が勤王家であったことも出仕を求められるにいたった理由であっただろう。村にとどまり村人の要求に応えて庄屋役に復帰するか、それとも出仕し新時代の建設に参画するか、果たして当時の重敬の心持ちはいかばかりであっただろうか。重敬の選択した途は姉小路家出仕であった。安政六（一八五九）年、後述のように当時、大坂三郷の中之島に開いていた家塾を花蹊に託し京の地に赴いた重敬は、まさに緊迫した幕末の政争の表舞台に立ち会うこととなるのである。

跡見重敬、五十一歳の年であった。

第二節　木津村と瀧野時代の花蹊

摂津国西成郡木津村

跡見家が代々庄屋役を務め、瀧野が生まれ育った摂津国西成郡木津村は、どのような村であっただろうか。

江戸時代の木津村は、現在の大阪市の浪速区と西成区の両区にまたがって開けていた。いまだ江戸時代の様相をとどめていたであろう明治一八（一八八五）年測量の「大阪市街図（二万分の一）」によって、まず木津村の位置と周辺の状況を概観しておくことにしよう。

地図上の上部、北側を大きく蛇行して流れる淀川は琵琶湖に源を発し、京都盆地西端で木津川・桂川を合わせ、大阪平野を北東から南西に流れ大阪湾に注いでいる大河である。同川は大阪市中に至り

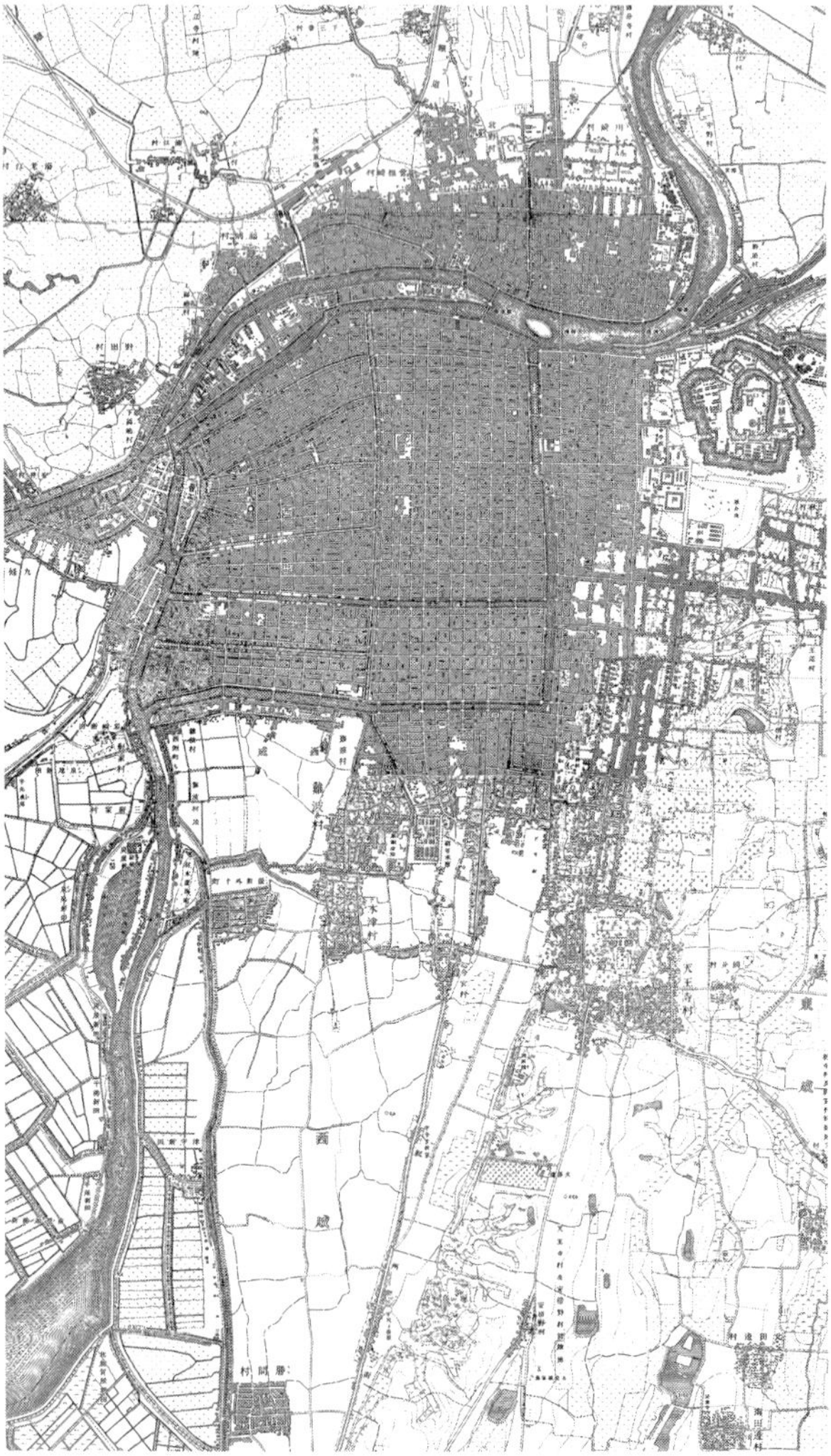

大阪市街図

『日本歴史地名大系（28）　大阪府の地名』より掲載

（現在は大川と呼ばれる）、堂島川と土佐堀川に分流して中之島を形成、両川の合流地点あたりで再び安治川と木津川に分流して大阪湾に注いでいる。中之島は重敬が塾を開き、瀧野が塾主となった跡見家ゆかりの地である。

大阪市中は江戸時代には「大坂三郷」と称され、北組・南組・天満組の町方三組に組織されていた。船場・上町を東西に貫く本町通りを境に、その北部の町々が北組、南部の町々が南組、淀川の北にある天満の町々が天満組に属した。木津村は地図に明らかなように、大坂三郷の南側に位置するいわゆる都市近郊村であった。古くは村近くにまで入り込んでいた海浜の寄洲で、『万葉集』（巻一二）に詠まれる、「住吉の　敷津の浦の　なのりその　名は告りてしも　逢はなくも怪し」の「敷津の浦」を当地に比定する説が存在する。また、聖徳太子が四天王寺を建立するため、諸国から建築用材を集積した場所と伝え、村名の「木津」もこの伝承にちなんで名付けられたという。跡見家の遠祖も、この伝承のうちにある。

木津村の東側、今宮村を貫いて紀州街道が南下しているが、街道に沿って瀧野の母親幾野の里である天下茶屋が見えている。その西側には、瀧野が天井・襖・屏風・衝立・杉戸などに絵筆をふるった長源寺《ちょうげんじ》のある勝間《こつま・かつま》村も確認できる。長源寺は、幾野の実家である寺田家の檀那寺であった。その縁で瀧野が絵筆をふるうことになったのだろう。

次に、天保一四（一八四三）年作成の絵図によって、木津村の内部の様子を見ることにしよう。天保一四年といえば、瀧野四歳のときにあたる。

木津村は東から西へと流れる鼬川《いたちがわ》を境に、北に位置する難波村と隣りあっている。東には今宮村、西には渡辺村が位置する。

木津村は行政単位上は「村」とはいえ、村人の暮らす居住域はかなり都市的な様相を見せていたものと思われる。村の北部から字を確認すると、「北ノ町」「中ノ町」「大弓町」「立町」「大道町」「岡ノ町」「大軒町」「新町」などの町名表示が認められる。また、延享三（一七四六）年の「村明細帳」（川端直正編『浪速区史』、三九頁）では、家数九九四軒、人数三一八三人を数えることからも、各町には家々が密集していたのではないだろうか。

村の氏神は牛頭天王社で祇園宮とも称され、跡見家が代々神主を務めていた。また、境内には摂社として大国主神社が祀られている。この大国主神社は「木津の大黒さん」として多くの信仰を集めていたが、宝暦年間（一七五一～一七六四年）に三代三右衛門によって出雲大社から勧請されたもので、同じく跡見家が神主職に当たっていた。ただ先に記したように、四代三右衛門の時代に庄屋役とともに両社の神主職も手放していた。

寺院には唯専寺と願泉寺《がんせんじ》があり、ともに浄土真宗の寺院であった。唯専寺の浄土真宗寺院としての創始は、跡見家の一族によって成されていたものと思われる。また、願泉寺も元は天台宗の寺院であったが、二七世浄教《じょうきょう》のとき蓮如に帰依し浄土真宗に改宗していた。願泉寺三七世昇龍《しょうりゅう》の室を貞《てい》道《どう》というが、跡見家を姉小路家に引き合わせた人物という。

現在、跡見家の所在地については明らかにしえない。神主を務めていた牛頭天王社、跡見御坊とも称される唯専寺の近傍と仮定するなら、「中ノ町」の一画に屋敷を構えていたものであろうか。花蹊は、「偶々《たま〱》隣家は、大層牡丹《たいそうぼたん》を作ってありましたので、子供心に、あ、隣の子供になりたいと思ったこと」があったと後年に回想しているくらいで（『女の道』、一三八頁）、屋敷のあった場所が特定できるような記述を遺していない。

木津村は、大坂冬の陣、夏の陣により豊臣家が滅んだ元和元（一六一五）年から同五年までは、松《まつ》平忠明《だいらただあき》の領する大坂藩に属していたが、その後は幕府領となり幕末に及んでいる。跡見家は代官の治める幕府領となった木津村の庄屋を、次郎右衛門の代の寛永三（一六二六）年から四代三右衛門の代の天明八（一七八八）年まで、途中大庄屋の時期をはさみ務めていたのである。

江戸時代の村には、検地によって丈量された田畑・屋敷の反別に米の高、石高がつけられていたが、木津村の石高を寛延三（一七五〇）年の史料（『跡見家文書』）で見ると二六二三石七斗三升一合に及んでいる。一村の全国平均石高は五〇〇石に満たないから、木津村がいかに大村であったかがうかがわれよう。また、耕作地の大半は畑地であったものと思われる。

木津村では耕作地の開ける領域と居住域とが、明瞭に区分されていたことが地図・絵図の両方から確かめられる。大坂三郷近郊村としての木津村は、三郷への蔬菜《そさい》類の供給地としての位置を占め、難波・今宮・西高津・勝間・中在家・今在家・吉右衛門肝煎地と合わせて、畑場八か村と呼ばれた。名産として知られる産物に干瓢《かんぴょう》・白瓜があり、ホウレンソウも多く出荷された。

これら蔬菜類の販売は、大坂三郷南部の道頓堀や道頓堀湊町近辺で立売された。常設の天満青物市場からはたびたび立売の禁止要求が出されたが、畑場八か村として共同の行動をとり、ついに文化六（一八〇九）年には条件つきながら立売が認められ、やがて難波木津市場の形成にいたっている。

木津村はまことに巨大な、そして都市的な村であった。跡見家はそのような村の一人庄屋となり、村の氏神の神主を兼帯、さらに村の浄土真宗寺院唯専寺の創立にもかかわっていたのであるから、その権勢は推して知るべしであろう。それだけに、没落という事態の衝撃の大きさも思いやられる。

花蹊は住居を木津村から大坂三郷の中之島、やがて京、東京の地へと移している。しかし、瀧野時代を過ごした故郷木津村を花蹊が終生忘れることのなかったことは、最晩年にいたっても同地の小学校に寄附をしていたことによってもうかがわれよう。また、故郷を懐かしみ、次のような歌も詠んでいる。

夢はいつも　わが古郷の　浪花がた　あし原づたひ　船遊びして

（跡見李子編『花の雫』、三一頁）

ただ、昭和二〇（一九四五）年の大阪大空襲によって灰燼に帰した木津の地に、現在、かつて瀧野が眺めていたであろう風景を見ることはできない。跡見花蹊の原風景は想像の彼方にある。

木津村絵図
『浪速区史』より掲載

木津村の中の渡辺村

天保一四年の絵図に見るように、木津村の西側には渡辺村が位置している。木津村からは「渡辺村道」が延びており同村にいたる。実は、この村は木津村の領域内に存在した村である。

渡辺村の住人は、天正年間（一五七三〜一五九二年）には天満・福島・渡辺・博労・三ツ寺の五か所に分かれて住んでいたと伝わる。その後、下難波村に居住していたが、元禄一一（一六九八）年に同村からの移転を命じられ、幾多の歎願を経て、元禄一四（一七〇一）年に木津村のうち「新田字堂面」に代替地が与えられ居住することになった。

渡辺村は「役人村」とも呼ばれたが、それは大坂町奉行所の下で司法警察の末端機構としての役を負担させられていたからである。また、享保一六（一七三一）年の大坂三郷の大火以後は、渡辺村の火消人足が市中火消にも動員されるようになった。

渡辺村には非常に大きな権益が存在した。それは元和年間（一六一五〜一六二四年）に、村内にあった一二軒の商人に「和漢革問屋」が許され、周辺村々で生産された原皮を購入するとともに、長崎での輸入革類の買付けもできたことである。江戸時代の後期には、当村に五畿内および中国・四国・九州より、鹿皮以外の牛馬その他の原皮が年間一〇万枚送られてきたという。渡辺村では、その皮を播磨国高木村などで鞣《なめ》したうえで、一部村内で皮革製品として加工するとともに、鞣し革を江戸および諸国に販売した。渡辺村は西日本における皮革流通センターとして重きをなしていたのである。

もとより、村は活況を呈していたことは想像に難くない。人口も宝暦六（一七五六）年には三三七二人、安政六（一八五九）年には四〇〇八人を数えている。

花蹊が瀧野時代を過ごした木津村は、村とはいえ人口が稠密し、市場としての機能も備えているような都市的な臭いの立ち籠めている場所であった。そしてまた、村内には皮革の流通センターとして異彩を放っている渡辺村も存在し、非常に刺激に満ちた空間が展開していたといえよう。このような環境も、跡見花蹊という人物像を形成するうえで、何らかの影響を及ぼしていたと言えないだろうか。

ところで、瀧野の誕生から遅れること四七年後の明治二〇（一八八七）年、国文学・民俗学の世界で、また歌人としても名を馳せた折口信夫《おりくちしのぶ》が奇しくも木津村に生まれている。彼は、次のような文章を遺している。

私の生まれた村は、日本で一二を争う、大きなえた村と境を接していた。而も、大字を異にしただけで、村名さえ、一つに括《クル》みこまれていた。其で、彼村《かの》の人々に対する感情関係は、極めて緻密でもあり、こみ入ってもいる。他の町村の人々の考えと比べれば、彼らを憎むことも、いとおしがる点にも、必《かならず》深いことであろうと思う。

（折口信夫『被差別の民俗学』、一七一頁）

折口信夫のいう「えた村」とは、ほかならぬ渡辺村のことである。渡辺村の身近にあったことは、折口の学問形成、いや人間形成にさえたいへん大きな影響を及ぼしていた。

果たして、花蹊にとっての渡辺村とはどのような存在であっただろうか。花蹊が書き続けていた『日記』のなかに、ただ一か所、文久三（一八六三）年八月四日の条に、

朝七ツ時、エタ村、火。

（『日記』第一巻、二〇〇頁）

とある。

江戸時代、「えた」は「穢多」の字が当てられ、蔑称として公称された。折口信夫が「穢多」を避け「えた」と記し、「あらた世の為に、一つの躓《つまず》きの石をとり除けたい」と宣言したことに思いをいたすとき、花蹊が「エタ」と記したことの周囲にも思いをめぐらしてみたい。

花蹊の母幾野の人となりをめぐって、跡見女学校に学んだ藤井瑞枝《ふじいたまえ》は次のような逸話を紹介している。

さりながら母君は、かく一面には厳格なりとはいへ、また一面には、他人に対しても、非常に同情に富み、縁に触れ機に応じて、慈善の業を積まれしことも尠《すくな》からず、安政寅年の飢饉の際の如きは、自家の食料を割《さ》いて近隣に施されしかば、郷党その恩に感泣するもの多かりしといふ。また或時、近隣の小長屋に住居せる水売男（木津村辺は飲料水に乏しく、ために遠く淀河より水を運び来りて鬻《ひさ》ぐを渡世《とせい》とする者）多助なる孤独者の病気の折の如きは、日々病者に適当なる食物を与へて扶養至らざるなく、度々これが持運びの使をせられし幼き花蹊先生に対して、男は感謝の余り、手を合わせ拝みしこともありしとか。

（『花の下みち』、一五頁）

これは、花蹊の思い出話を藤井瑞枝が写し取ったものだろう。そのとき花蹊の心のうちに、貧しい水売男多助はどのような映像を描いていただろうか。

今は失われてしまった万延元（一八六〇）年の大晦日と、年を越した翌正月元旦の両日を記した『日記』を、花蹊はその著作『をりをり草』に引いているが、そこには「節季候《せきぞろ》」「萬歳《まんざい》」「春駒《はるこま》」「槍《やり》つかしたる馬禮者《まれいしや》」などが登場し、大晦日、元旦の町を賑わし彩った様子が風物詩のように抒情豊かに描かれている（一八七～一九〇頁）。また、感傷的な心持ちを「鉢たたき」に託した、

鉢たたき　遠音にひゞく　加茂川の　瀬の音つめたう　夜は更けにつゝ

（跡見李子編『花の雫』、三〇頁）

という歌も詠んでいる。

これら、いわゆる「卑賤の芸能民」にそそがれる花蹊の眼差しに、賤視の欠片も見いだせない。花蹊の下には五摂家の人びとから町奉行、藩士の子弟、さらには豪商から町人、百姓の子弟まで、誰へだてなく学んでいた。『日記』の記述から容易にうかがうことのできるこの事実にも、思いをめぐらしてみたい。

学びつつ教え、教えつつ学ぶ

花蹊の人となりを知るうえでは、幸いにも文久元（一八六一）年から残された『日記』があり、格好の史料となる。『日記』は花蹊十五歳の安政元（一八五四）年から記されていたようであるが、現在に伝わるのは花蹊二十二歳の文久元年四月二一日からのものである。

花蹊の瀧野時代の暮らしぶりを知るには、後年に著された伝記や回想録などが手掛かりとなる。しかし、特に伝記の場合、成功者にありがちな黄金伝説が書き込まれているケースが多く、注意を払わなければならない。とはいえ、そういった伝説的なものも含め検討していくなかで、それなりの人物像が浮かび上がってくることも確かなことであろう。

花蹊自身が記した「跡見花蹊略歴（『日記』第一巻に収載）」がある。

花蹊が生まれた当時の跡見家は困難な時代で、父重敬が「寺子屋的家塾」を開き、近在の子弟に読書や習字などを教えて生計を立てていた。そのような環境のもとで育った花蹊は、幼少期を「跡見花蹊略歴」のなかで、次のように振り返っている。

一、二歳の頃よりも手遊び物なとハ欲しがらぬ風て、只書を見せれハ悦んて泣き止むと云。四歳より書を学ひ、父母も珍らしとて日々喜んて教えられたり。読書も孝経、三字経習ひ覚へて、六歳の時、母の実家の祖母死去の節、葬式に行て、帰りハ父に負はれて、背中にて孝経を暗誦して、父も始て驚たり。此時より両親ハ、此子を以、跡見の家を再興させる也とて、よく我に聞かせたり。

（『日記』第一巻、二六〜二七頁）

花蹊は、幼少期から学ぶことが好きな子どもであったことは間違いないだろう。しかも、その後の歩みから、利発な子どもであったことも疑いない。やがて父母は、学芸に秀でる瀧野に跡見家の再興を託すようになる。

一方、瀧野もまた、跡見家の再興を自らの生涯における務めと思うようになっていった。花蹊の談話を書きとめた『女の道』に、つぎのような箇所がある。

父は能書家《のうしよか》と云はれた程、中々書には巧《たくみ》でありました。私も六つ七つの折から、書を書く事が、大層好きでありまして、父の傍《そば》に居ては、何時《いつも》字ばかり書いて居りました。父も私を大層愛しますし、人々からも誉《ほ》められますので、子供心にも嬉しく熱心に勉強を致しました。父は私を膝元《ひざもと》に呼寄せましては、跡見の家の衰へたのを話し、再興の事に就いて、心を悩して居りました。私も女乍《なが》ら、どうかして跡見の家運を挽回《ばんかい》して、父は固《もと》より一家の人々に安心をさせ、祖先の名を恥《はずか》しめぬ様しなければならぬと、深く心に思ひました。

（『女の道』、一四一～一四二頁）

また、「能書家」の父が額面に揮毫し、子どもたちに暗誦させた朱熹《しゅき》の文がある。

勿謂今日不学而有来日　勿謂今年不学而有来年　日月逝矣歳不我延
嗚呼老矣是誰之愆
（謂《い》うなかれ今日《こんにち》学ばずして来日《らいじつ》ありと　謂うなかれ今年《こんねん》学ばずして来年《らいねん》ありと　日月《にちげつ》ゆけり　歳我《としわれ》に延びず　嗚呼老《ああお》いたり是誰《これだれ》の愆《あやま》りぞ）

詳細は第四章を参照されたいが、学ぶことの大切さを説くこの朱熹の文に託した父の教訓は、瀧野の励みになったものと思われる。花蹊自身が後年の大正五（一九一六）年喜寿の歳に揮毫したものが、跡見学園女子大学花蹊記念資料館に所蔵されていることからも、そのことはうかがえよう。しかも、「朱文公勧学文」と名付けられるこの書の表装に用いられた「寿字模様ノ布片」は、花蹊が三十年来着用した「羽織ノ裏地」であることも由来文から知られる。

父の営む塾には、近在の大勢の人びとが学びに来ていた。

父の処へ習ひに参る弟子共は、九月からは百姓が暇《ひま》になりますので、秋から正月へかけて百二十人計り、皆大人の農夫でございます。夜になりますと、此丈《これだけ》の弟子がそろ〳〵習ひに参るのですが、父は逐一教へて居られませんものでしたから、姉と私と二人で、代稽古《だいげいこ》を致します。習ふものは、名頭《ながしら》、屋号《やごう》、畑の名抔《など》で、假名《かな》も交つたお手本を見せては、何処と何処へ力を入れて、斯《こ》う引くのだと、字を逆に書いては、直して見せてやる。今日迄、私は学校で、生徒の見よい様に、さかさに立刀《りっとう》なんか書いて見せてやりますが、こんな小さな時分から、逆に書く事は慣れて居たのでございます。何でも暮六つ(午後六時)から、八時頃までは、此の大人の字を直すのが役でございました。昼間午前中子供の弟子に、算術と、実語経《じつごきょう》、童子経《どうしきょう》、女大学《おんなだいがく》、女庭訓《おんなていきん》抔を教へまして、其の間には、弟の守も致します。夕方になりますと、油掃除をして燈心を揃へ、夜学の初る百畳計りの処へ、自在鍵《じざいかぎ》を下げて土器《かわらけ》を置き、其の両方へ百姓達が坐つて、稽古の出来る様に、きちんとして置かねばなりません、毎日こんな風でしたから、別に何とも思ひませんで、何時も正月の八日の稽古初から、此の通りにして居りました。

(『女の道』、一二八～一二九頁)

この花蹊の回想から、父の営む塾の様子がよく伝わってくるといえよう。日中は一年を通じて子どもたちが学びに来ていた。『女大学』『女庭訓』などの女訓書も用いられていることから、女の子も学びに来ていたことが知られる。近在の大人たちは農閑期の夜に学びに来ていた。名頭、屋号、畑の字名などが学ばれているので、読み書きが中心であったのだろう。瀧野と姉の藤野は、父を助けて立ち働いた。少女期の瀧野は、学んでばかりいたのではなく、すでに学びつつ教え、教えつつ学ぶような時代を過ごしていたのである。

『をりをり草』に掲載された樂石生「跡見花蹊刀自」のなかにも、父重敬の営む塾の様子を記した箇所がある（二八五〜二八六頁）。そこでは、塾で行われた遊戯娯楽面に触れられていて興味深い。すなわち、正月五日には「松囃」といって、子らは「いづれも晴れの衣裳を着けて一堂に集まり、新年の試筆をなしたる後は、家塾より昼餐の饗応をなせるが上に、面白き福引」を行って楽しんだという。三月になると「山遊び」、七月七日には「七夕なれば、台楽なるものを設けて、衆生をして古歌古詩どもを書付けしめ、さて昼食も過ぎて午後二時の頃ともなれば、一同に素麺の振舞ひをなし、かくて男子は台楽を舁ぎ廻り、女子は紅の提灯に名前を記し、三味線、太鼓、琴、胡弓等の合奏にて合図に、面白き踊り」をしてはしゃいだという。何とも楽しげではないだろうか。一二月には「御火焚」があり、「全唐紙に二三字の大書」をさせた。

塾では手習いばかりが成されたのではなく、遊戯娯楽も取り入れられ筆子の融和・親睦がはかられていたのである。

それにしても、当時の跡見家には一二〇人が一堂に学べる一〇〇畳の間が存在したことが語られている。没落後も、旧来の建物は維持されていたと見るべきか。

江戸時代は、文字の読み書きが前提となり社会の仕組みが成り立っていた。村といえども、領主と百姓間とのやり取りは全て文書を通して行われた。当初、文字の読み書き能力は一部村役人レベルにとどまっていたが、やがて一般百姓も獲得するようになっていった。そこにはさまざまな要因があったが、たとえば村への貨幣・商品経済の浸透や出版物の広範な流通、社会変動の波及などが、人びとの文字文化修得への欲求を高めていったものと思われる。

跡見家もこのような社会的動向のなか、没落後の生計の基盤を手習いを中心とした塾の経営に委ねていたのである。そして、瀧野はそうした家庭環境のもとにあって、おのずから学芸の世界に交わり、研鑽を積み、自己を高めていったのである。

第三節　瀧野から花蹊へ

師につき画を学ぶ

跡見瀧野をめぐる逸話の一つに、すでに八歳のとき人に請われるまま見世看板の筆をとり、その出来のよさを賞賛されたというものがある。近所の酒屋の塩屋田中庄右衛門なる人物が、看板にする文字の依頼のために跡見家を訪れた。しかしその日、父重敬が伊勢参宮に出掛け留守であったため、何の深き考えもなく瀧野が筆をとり、六尺の槻板に「亀の井」と大書した。その字のすばらしさに塩屋はもう一枚を所望し、今度はより大きな横槻板に「亀の井　波の上　みりん　焼ちう　柳かげ」と、字配りなども巧妙に瀧野は認めたという。少女の筆力とも覚えぬ出来栄えに塩屋は驚き喜び、帰宅した父も賞賛した（『花の下みち』、六頁）。

瀧野は、父重敬が塾を営んでいたという環境もあり、幼い頃に字を覚え、早くから和漢の書籍に親しみ、書画にも手を染めていたことがうかがわれるが、師について学び始めるのは十二歳になったときからであった。「跡見花蹊略歴」を見ておこう。

> 花蹊もとより画も好みて、画の修養を親にたのみて、嘉永二年（四）十二歳の時、石垣東山先生先生ハ上町北新町二丁目の住也の門に入る。先生も悦んで稽古日毎に扇子を沢山に書をかゝせて、大いにほこられたり。
>
> （『日記』第一巻、二七〜二八頁）

瀧野が入門した石垣東山《いしがきとうさん》は越前国敦賀の人で、京に出て画を松村月渓《まつむらげっけい》を祖とする四条派の田中日華《たなかにっか》に学び、画のほかに詩吟・和歌・狂歌・俳句を能くしたという。帰郷してからは父を継いで敦賀藩士となり、天保一二（一八四二）年に藩主酒井忠毘《さかいただます》の大坂定番への着任に随って大坂にいたった。北新町（現大阪市中央区北新町）に住み、塾を開いて門人は数百名に及んだという。瀧野はそのような門人の一人として、木津村から大坂三郷の北新町まで通い画を学んだのである。

いつかは不明だが、東山が郷里敦賀に帰ったのちは、天王寺村の槇《まき》（槇野）楚山《そざん》に学ぶことになる。楚山は、京の円山《まるやま》家の三世応震《おうしん》の門人と伝えられる。楚山とは、長い期間にわたって交流のあったことが『日記』の記述からうかがうことができる。

長源寺の思い出

花蹊は、石垣東山、槇楚山の門に入り画を学び始めた頃を回想し、「此当時ハもはや屛風、襖など揮毫ものにて多忙を究む」（『日記』第一巻、二八頁）と述べている。『花の下みち』の著者藤井瑞枝も、跡見女学校に在学中のある夕べ、花蹊から直接聞いた類似する逸話を同書に紹介している。

安政の初、先生が十五六歳の頃は、恰《あたか》も親鸞《しんらん》上人六百回の御遠忌《ごおんき》法要の時機にて、大阪にありても真宗に属する各寺院は、其法要準備として、堂舎の改築修繕などに大いに力を致せし時なり。その中にても先生は、大阪靭《うつぼ》の光円寺、東成郡勝間の長源寺等の依頼に応じて、少女ながらも書院の襖を画かれし由なるが折から長源寺の襖をものせられし頃は、恰も夏期非常に蚊の多き時候にて、追々御遠忌の期日も近づきたるに大急ぎにて夜間までも筆を揮《ふる》はるゝほどに、蚊いぶしなども利かざりければ、末弟愛四郎氏をして、大きなる団扇《うちわ》もて先生の周囲をあふぎ、蚊を追はしめられしが、弟君とて未だ幼き小童《わらべ》なれば、時に或は倦怠《けんたい》を来し、或は座睡《ざすい》などをせらるゝを、だましつすかしつ辛くも夜業を続けられしといふ。（中略）さて其折、右の勝間の長源寺にて先生が画かれしものは、『松に鶴』並に『波濤』その他天井の『雲竜』などにて、右の画は今なほ同寺に存すといふ。

（『花の下みち』、七〜八頁）

勝間の長源寺で絵筆をふるったことについては、『日記』に書きとめられている。該当箇所を示しておこう。文久二（一八六二）年のことである。

七月二十五日　勝間長源寺住持参られ候。画の認物の相談有、早速帰られ候。
八月十五日　朝より勝間長源寺一間半天井の竜認、終日致し
八月十七日　此日、勝間長源寺へ参るはつの処、父さま雨中にて得参られす

藤井瑞枝の酒匂（現神奈川県小田原市）の撫松庵にて
中央跡見花蹊、向かって右が藤井瑞枝、左が星野花子
跡見学園女子大学花蹊記念資料館所蔵

八月十八日　父さま、元之助、私、三人連にて長源寺参り、父さまハ暫して木津へ帰られ候。
八月十九日　此日朝より三間四枚襖表老松鶴認にかゝる。終日認候。
八月二十日　此日、老松鶴中彩色、大てい認上。七ツ時少シ前より、あまり風ひとくゆへ、沖へ波見に参る。波の勢、真に面白き事也。日暮後に帰る。
八月二十一日　朝、表老松に鶴認上ル。夫より裏波濤雁、此日墨書認ル。
八月二十二日　此日朝、半切物、横物、書いろ〳〵認、襖波も認上ル。此日、父さま参られ候て、夕方より木津帰る。

（『日記』第一巻、一一八～一二三頁）

花蹊の後年の回想によれば、長源寺での揮毫は安政の初め十五、六歳の頃とあるが、実際は『日記』に記された花蹊二十三歳の文久二年のことであった。この年はちょうど、親鸞上人六百回遠忌にもあたる。年代に記憶違いはあったが、描かれた画に間違いはなかった。長源寺からは海も近く、実際に眼にした波の様子は、襖の裏に描かれた「波濤」に活かされたのであろう。

天井画は一日で仕上げたが、襖絵は長源寺に泊まり込んでの四泊五日の大仕事であった。残念ながらこれらの作品は、昭和二〇（一九四五）年の大阪大空襲によって、長源寺とともに灰燼に帰してしまった。

たしかに花蹊をめぐるさまざまな出来事には、伝説化されたものも多い。藤井瑞枝の著作にも、伝説的な臭いのする記述がみられる。しかし、瀧野が十五、六歳の頃には、揮毫を求められる機会も多くなっていたのではないだろうか。それが、思い違いにもつながったように思われる。

揮毫には、当然、対価も得られたことだろう。よりいっそう画業の研鑽を積み、自らの成長を望むためにも、このころ遊学心も芽生えてきつつあったのではないだろうか。

京師への遊学

安政三年、十七歳になった瀧野は、学芸修行のために単身京師へ遊学する。江戸・大坂と並んで三都と称される京は、古代以来の都として学問・文化の中心地であったことは言うまでもない。瀧野が京への遊学を志した当時の心持ちを、『花の下みち』は次のように記している。

安政三年には先生も早や十七歳の春を迎へて人生の花時に達せられしとはいへ、先生の志望は綾羅《りょうら》を身に纏《まと》ふにもあらず、粉黛《ふんたい》に心を凝らすにもあらず、たゞ一筋に学びの道に進み、自己の技芸を研《みが》きたき一途のみなりし。而《しか》もその志望を達せんためには輦轂《れんこく》の下なる京都に赴きてよき師にも就き、得がたき参考品にも接したしと思ふ心の止みがたく、幾度か両親にその意を漏して京都遊学を乞へども、家原《もと》より富まざれば学資を得るに路なく、訴ふべくもあらざりければ、決然自活して勉学せんとの堅き志を述べたるに、父母もつひに之《これ》を許しぬ。

（『花の下みち』、一八頁）

たしかに塾の収入で家計が支えられている跡見家にとって、遊学のために要する費用は決して軽いものではなかったであろう。また、幼い頃から塾を手伝っていた瀧野を手放すことは、塾の運営にも支障を来たすことになったのではないだろうか。しかし、瀧野の熱意がそれらの障害を乗り越えさせた。

京では伯父の家に寄寓した。伯父は三宅勘左衛門といい、父重敬の兄にあたり、跡見一族の三宅家を継いでいた。住所は四条御旅町で、家業として袋物商を営んでいた。

学資は扇面を描くなど画料によって稼ぎ出した。その頃、扇面一枚の揮毫料は大凡銭三文から五文で、一夜に一〇〇枚を描くこともあったという。

こうして得た学資で、画は円山応立《まるやまおうりゅう》と中島来章《なかじまらいしょう》に学んだ。応立は京の生まれで、円山応震の養子となり、同家四世を嗣いだ人である。来章は近江国の生まれで、円山家二世応瑞《おうずい》に学び、当時平安四名家と称された大家であった。また、花蹊は京で日根《ひね》（日根野）対山《たいざん》に南画を学んだことが知られるが、それもこの頃と思われる。対山は和泉国の生まれで、大坂に出てから岡田半江《おかたはんこう》らと交流して南画を学び、京に移って文人画家として名声を得ていた。

学問の方は、漢籍・詩文・書法を宮原節庵《みやはらせつあん》に学んだ。節庵は備後国の生まれで、頼山陽《らいさんよう》の門人であった。山陽の没後江戸の昌平黌《しょうへいこう》に学び、やがて天保一二年に京の御池車屋町で時習館という塾を開いていた。

花蹊の京遊学は、十七歳から十八歳にかけての二年間に及んだ。まさに多感な年頃での京体験であり、花蹊はここで大きく成長したことは間違いないだろう。

花蹊を号する

花蹊は自身、

花蹊と云ふ号を用ゐましたのは、「桃李物言《とうりものい》はず、下《した》自《おのづか》ら蹊《こみち》をなす」の所から取りましたので、今日では私の名に為つて居ります。

（『女の道』、一三七頁）

と述べている。号「花蹊」の由来となった詩句は、司馬遷《しばせん》の『史記』による。

司馬遷が生きたのは、漢の七代武帝（前一四一～前八七）の時代であった。この頃、漢を悩ませていた問題は、西北方に勢力を張る匈奴《きょうど》の存在であった。その匈奴との戦いに功績を挙げた李広《りこう》という将軍がいた。司馬遷は李広を語り、次のように記している。

太史公曰、伝曰「其身正不令而行、其身不正雖令不従」。其李将軍之謂也。余睹李将軍悛悛如鄙人、口不能道辞。及死之日、天下知与不知、皆為盡哀。彼其忠実心誠信於士大夫也。諺曰「桃李不言、下自成蹊」。此言雖小、可以喩大也。
（太史公曰《たいしこういわ》く、伝《でん》に曰く「其の身正しかれば令せずして行われ、其の身正しからざれば令すと雖《いえど》も従われず」。其れ李将軍の謂《い》い也。余《よ》李将軍を睹《み》るに悛悛《しゅんしゅん》として鄙人《ひじん》の如し、口道辞《どうじ》するに能《あた》わず。死の日に及び、天下知ると知らざると、皆為《ため》に哀《かな》しみを盡《つく》せり。彼の其の忠実心誠に士大夫《したいふ》に信ぜられたる也。諺《ことわざ》に曰く「桃李《とうり》言《ものい》わざれども、下《した》自《おの》ずから蹊《こみち》を成す」。此の言小なりと雖も、以《もっ》て大を喩《たと》うべき也）

太史公、つまり司馬遷は、「其の身正しかれば令せずして行われ、其の身正しからざれば令すと雖も従われず」という伝をあげ、これは李将軍のことを言っているようなものだという。李将軍は見たところ、慎み深く田舎者のようで、うまく話すことができないような人物だった。しかし、彼の死の日には、彼を知っている者も知らない者も皆深く哀しんだ。彼の忠実な心は、本当に士大夫に信用されていたのである。そこで司馬遷は、「桃李言わざれども、下自ずから蹊を成す」という諺を引いて、この言葉そのものは小さなことを言っているが、大きなことをも喩えられる言葉であると付け加えた。

諺の意味するところは、「桃や李は何も言わないけれど、美しい花を慕い、熟した果実を求めて人びとが集まってくるので、木の下には自然と小道ができる」ということである。つまり、徳のある人のもとには、黙っていても人が自然に集まる、という喩えとして使われる詩句である。

花蹊も、この意味で用いていたことはいうまでもない。しかし、「花蹊」の号をいつから用い始めたかについて、自身では触れることがなかった。

そうしたなか、伝聞の類いではあるが、石垣東山命名説がある。東山は瀧野が十二歳のとき、初めて門人となった画の師匠である。瀧野はすでに十歳にして他者の求めに応じて揮毫していたが、まだ雅号がなく、その画には「瀧野十歳」と書いていたので、東山が「花蹊」の号を与えたというものである。

また、『をりをり草』に載っている樂石生「跡見花蹊刀自」の一節に、「刀自は名を瀧野と呼びたまひ、花蹊は実に画家としての雅号にして、その師の下したまへるところなり」（二八〇頁）とある。ここでも画の師による命名説が採用されているが、師の名は誰でいつのことかなどへの言及がない。

一方、確かな史料としては、現存する最も古い『日記』の表紙があげられる。

『日記』は表紙に見られるように、文久元年四月二一日に始まり同年の一二月二日までを記述しており、署名は「花蹊」である。すなわち、文久元（一八六一）年、瀧野二十二の歳には花蹊と号して

花蹊
戊午
早春
文久元年辛酉
四月廿一日より
仝十二月まで　第一号
吟艸

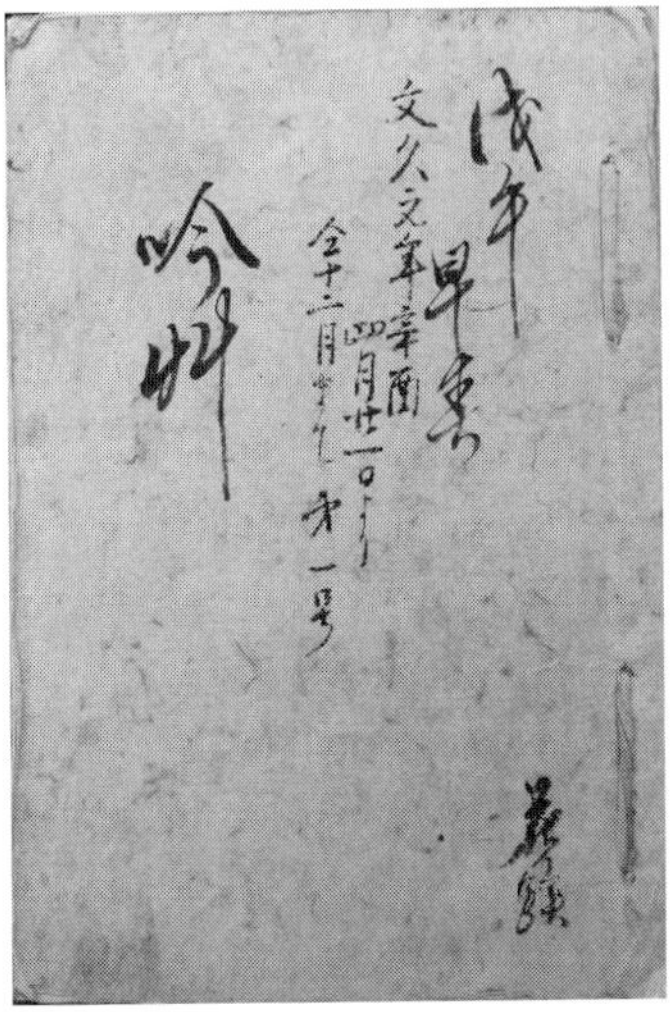

戊午
早春
吟艸

『跡見花蹊日記』表紙
跡見学園女子大学図書館所蔵

いたことが確認されるのである。

しかし、ここで気になる点がある。それは「戊午早春　吟艸」の表記である。文字の配置、大きさ、墨の濃淡などから判断するに、元来の冊子の表紙はこちらであったのではないだろうか。つまり、『吟艸』用の表紙を、『日記』用の表紙に転用したのではないかと見られるのである。そして、「戊午」は安政五（一八五八）年である。「花蹊」の署名が、もし『吟艸』のものであるならば、瀧野十九の歳にあたる。

ちなみに、文久元年の『日記』五月一九日の条には、

先生、花蹊史は此節とふしてこぬと御申遊し候

（『日記』第一巻、六六〜六七頁）

という記述が見られる。先生とは学問の師後藤《ごとう》松陰《しょういん》であり、「花蹊史」と呼びかけているのである。また、父重敬が主君姉小路公知に随い江戸へ下向した折の文久二年一〇月二九日、家族へ書状を届けている。その宛名が妻の「幾野どの」、次男の「元之助どの」、そして「花蹊どの」であった。文久元（一八六一）年、二年の頃には、世間でも家族間でも「花蹊」が呼び名として定着していたことがわかる。瀧野二十二、三歳の頃である。そして、その歳を十九にまで引き下げることも可能だろう。

さらに、跡見学園女子大学に花蹊記念資料館が開館した平成七（一九九五）年、開館記念特別展が

開催されたときの冊子『跡見花蹊とその時代』には、資料館に所蔵される花蹊の作品・書簡などが掲載されている。そのうち作成年代が判明するもので、最も古い作品は「美人図」で「安政三年頃」とある。該当作品の落款を検すると、「花蹊女史」とある。「美人図」が間違いなく「安政三年頃」の作品であるならば、瀧野十七歳のときである。

おそらく、この「美人図」をめぐるものと思われるが、ほかにも瀧野十七歳の時の作品であることをうかがわせる記述と出会える。高橋勝介『跡見花蹊女史伝』中のものである（三五頁）。大正五（一九一六）年喜寿を迎えた花蹊の祝賀の宴の後、記念慈善市が開かれたいへんな盛況であったという。その際、設置された参考室には花蹊の書画類が展示されたが、そのなかに「四季草花の金屏風」や「朱文公勧学篇の大幅」などとともに、「女史十七歳の頃に描いた美人画」もあったというのである。また、同書は花蹊十七歳のとき、大坂の富豪井上市兵衛にもとめられ「双幅の美人画」を揮毫したとの記事も載せている（四五頁）。この作品はその後、飛騨国の長者議員杉下太郎右衛門の所蔵するところとなったが、花蹊の晩年これを発見、「恰も亡児に会ったやうな心地がする」といって喜んだという逸話も紹介している。この作品が花蹊喜寿の祝いの記念慈善市で展示され、さらに現在、花蹊記念資料館に所蔵される「美人図（片幅）」と同一のものであるのだろうか。

安政三年、十七歳の年に瀧野は京へ遊学しており、多くの学芸の師と出会っている。それらの師のうちの誰かが、「花蹊」の名付け親となった可能性も否定しがたい。一方で、瀧野が自身で名付けた可能性は、全くないのであろうか。

現在のところ、また管見の限りではあるが、瀧野が花蹊を号した歳は、史料の裏付けのもとでは二十二歳か十九歳、または十七歳のとき、およびそれ以前とするほかないことを断っておく。果たして、伝聞の十二歳まで遡ることができるのだろうか、今後に期すほかない。ただ、「花蹊」という号を名乗り始めたときは、それなりに学芸で身を立てていくことに自信を深めていた頃であったのではないだろうか。

のち明治八（一八七五）年、花蹊は「跡見学校」を創設する。その教育の特長は知育に兼ねて、自

美人図
跡見学園女子大学花蹊記念資料館所蔵

ら筆を執った画、書など芸術科目による情操の涵養を重視した点にあったが、その起源は遠く、瀧野が「花蹊」を号したときにあったとはいえないだろうか。

第二章　幕末・維新の動乱のもとで

第一節　大坂三郷中之島時代

大坂三郷中之島へ

安政五（一八五八）年、跡見重敬は木津村の塾を中之島へ移し、花蹊を遊学先の京からここへ呼びよせた。この年は、幕府によってアメリカ、オランダ、ロシア、イギリス、フランス五か国と、通商条約の無断違勅調印が断行され、対外貿易が開始された年でもある。

中之島は大坂三郷の北組に位置していた。木津村では筆子は百姓の親子であったが、中之島では商人や町人へと教授対象もがらりと変わったであろう。

塾の移転には、重敬の一大決心があったことと思われる。それを裏付けるかのように、翌安政六

(一八五九)年、重敬は塾の経営を花蹊に託し、自らは堂上の公家姉小路公知の家臣となり京に上っている。

姉小路家には、前述のようにこれより先、花蹊の姉の藤野がその奥向きに入っていた。公知には千重丸（亀丸、公義《きんとも》）という名の一子があるが、『跡見学園――一三〇年の伝統と創造』は藤野の子としている。ところが、『平成新修旧華族家系大成』は、公義は「萬里小路博房男《までのこうじひろふさ》」として安政六年四月四日に生まれ、「姉小路公知嗣」となったと記す。一方、嶋田英誠「跡見花蹊の前半生」は、公義を藤野の子とし、「萬里小路博房（一八二四年六月二五日～一八八四年二月二二日）の男として入籍された」とする。いったい、どのように理解したらよいのであろうか。敢えて、ここで、これら三説の整合化を試みれば、千重丸は藤野の子として生まれたが、ひとたび萬里小路博房の子として入籍、あらためて姉小路公知の養嗣子とされたと解釈するのが賢明ではないだろうか。

姉小路家に跡見家の人びとを紹介したのは、公家の沢家から木津村の願泉寺に入った夫人であったという。願泉寺三七世住職昇龍の室を貞道というが、公知のおじ沢宣嘉《さわのぶよし》の娘であった。

前述のように、重敬は以前、木津村の庄屋役と神主職への復帰を望み、願書を認めていた。それに応えるかのように村側でも、安政二（一八五五）年には重敬を庄屋役に就任させようとする動きを見せていた。しかし、それから三年後の安政五年に、重敬は大きな決断をしたのである。それは、木津村庄屋への復帰の思いを断ち切り、京の政界に身を投じ、新時代の建設に参画しようとするものであった。先祖以来の勤王の家筋に生まれた身として、たとえ庄屋への復帰が適ったとしても郷里の地で生涯を終えるより、勤王の志を、当時尊王攘夷派の牽引者として活躍していた姉小路公知のもとで遂げようとしたものではないだろうか。そして、中之島に塾を構えたことは、花蹊に新たな活動の拠点を与えたことにもなろう。

当時、中之島から南へ土佐堀川を越えた北船場の一帯は、町人の有志が開いた懐徳堂《かいとくどう》や緒方洪庵《おがたこうあん》の適々斎塾《てきてきさいじゅく》（適塾）をはじめ、多くの塾が集まっていた文教地区でもあった。

この間に、重敬にとって跡見家再興の宿願は、木津村に局限されたものから大坂・京、つまり日本へと広く拡大したものとなったのではないだろうか。娘の花蹊が父の宿願を現実のものにしていったことは、その歩みを振り返れば明らかなことであろう。

塾主として

中之島の塾は、上中之島町の越前福井藩蔵屋敷に隣接し、堂島川を眼下におさめる位置にあった。現在の大阪市役所・大阪府立中之島図書館の北側近辺にあたろう。花蹊は安政五年から慶應元（一八六五）年まで、足かけ八年間をこの中之島の地で過ごすことになる。

中之島を拠点にしての花蹊の活動の第一は、もとより塾の経営者、教育者としてのものである。安政六年、父重敬は姉小路家に出仕し京へと旅立ったため、塾の経営は花蹊一人に託されることになった。藤井瑞枝が『花の下みち』で、「是れ他日先生が女子教育家として世に立たる、濫觴《らんしょう》にして今日の跡見女学校の基礎も実は遠くこの時に起されしといふべきか」（二〇頁）と記しているように、現在

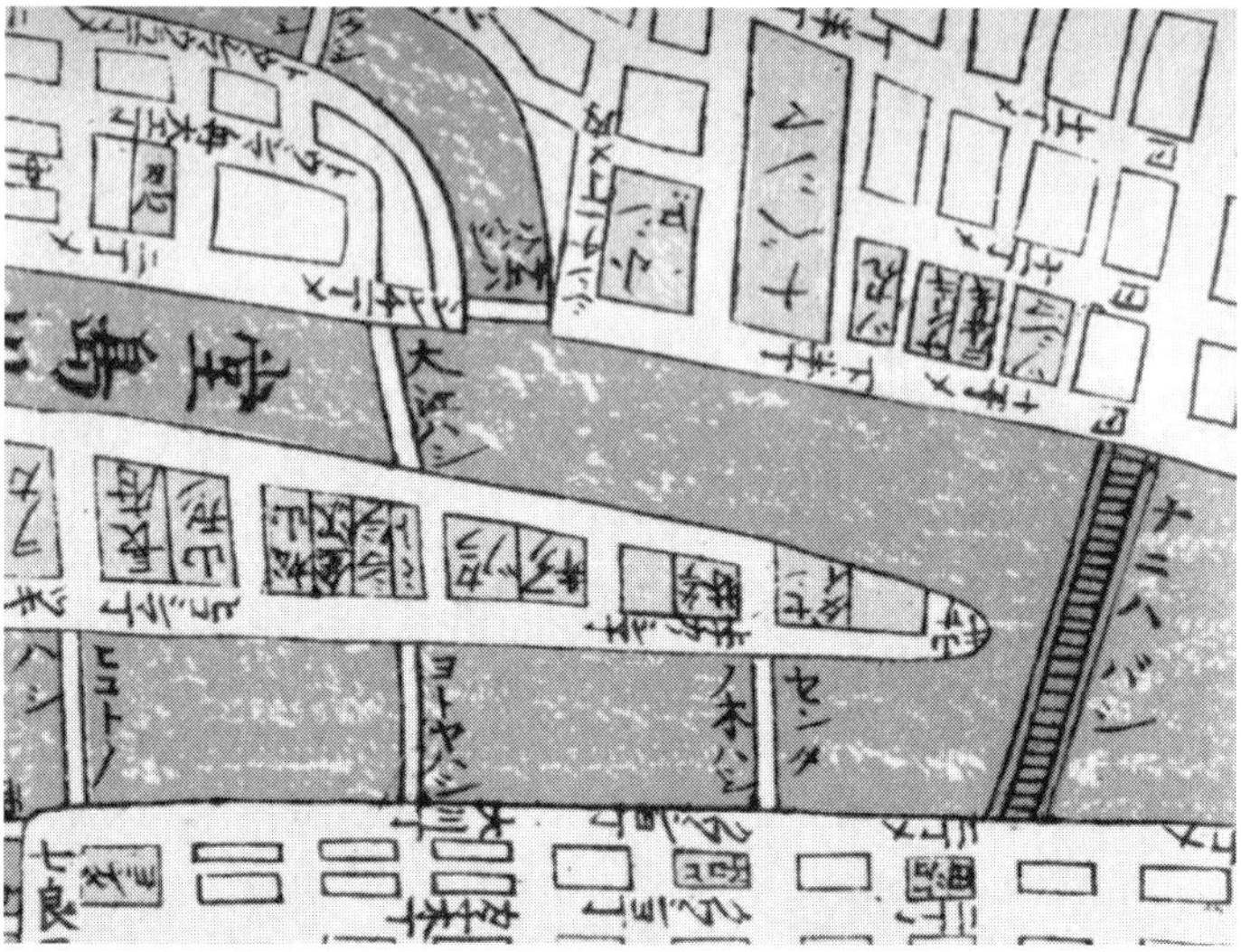

中之島絵図（東側）
『弘化改正大坂細見図』より掲載

にいたる「跡見学園の淵源」はここにあった。花蹊の回想によれば、当初三〇名ほどの生徒がいたという。大坂の富豪の子女や町人の子などが主に学んでいたのであろう。

文久三（一八六三）年の『日記』からうかがえば、塾は半年ごとに「稽古初」があり、この年は一月二二日と七月二一日であった。一月二二日に始まった稽古は、七月五日に「七夕認」（第一巻、一九四頁）をさせて夏の休みに入っている。文久元（一八六一）年の場合は七月六日に「子供七夕か、し」（第一巻、七六頁）、七月七日には「此日八ツ《（午後2時）》後より、みな〳〵子たち御こしにて、夕方より、おとり致し、又舞はつみ候て、一更ニ果る」（第一巻、七六頁）とあり、楽しい時間を過ごしていた。

さて、七月二一日に再び始まった稽古は、

一二月二一日に「納筆いたし」（第一巻、二二五頁）年末・年始の休みに入っている。前年の文久二（一八六二）年には、一二月一五日に「子達書初かゝせて候て大あかり」（第一巻、一五二頁）となっていた。

塾は基本二期制になっており、決まった休みの期間以外は常時開かれていたのだろう。しかし、後述のように多忙を極めていた花蹊であり、同じく文久二年の『日記』によれば、「私事、子たち早上りさして、独、木津へ帰り」（第一巻、一二四頁）、あるいは「私事、子たち半日にて辻さま行」（第一巻、一二四頁）、「朝より子たちをしへして、昼前より殿村さまへ行」（第一巻、一三七頁）、「此日、子供衆休日」（第一巻、一四〇頁）といった記述が散見される。

このような様子から、中之島の塾は父重敬の木津村時代の教育・運営方針を継承するようなものであったと思われる。つまり、読み書き算術を中心としたもので、花蹊が専門とした学芸を教授するようなものではなかったのだろう。その分、父の時代同様に手習いばかりでなく、遊戯娯楽面でも楽しめる塾であったことがうかがわれる。

学修者として

花蹊は塾で子どもらを教えながら、一方で自らも学修者として学ぶことを怠らなかった。すなわち、漢籍・詩文・書法を後藤松陰に、和歌を高橋正純《たかはしまさずみ》に、茶の湯を二代木津宗詮《きづそうせん》に学んでいる。

後藤松陰は美濃国の生まれで、頼山陽の門人であり、花蹊が京遊学中に学んだ宮原節庵の兄弟子にあたる。文政三（一八二〇）年以来、大坂に塾広業館を営み、花蹊が通った頃は梶木町御霊筋《ごりょうすじ》角に塾を構えていたが、のち堂島に移っている。『日記』からは、頻繁に後藤の塾へ通っている花蹊の姿を確認することができる。花蹊自身、「山陽の孫弟子」を自任していたという。

高橋正純は備中国の生まれで、歌人高橋正澄の子であり、京の香川景樹《かがわかげき》の門下であった。花蹊は元治元（一八六四）年三月六日に、淀屋小路に住んでいた正純に入門していた。ときに訪問しては、歌の添削を受けていた花蹊の姿が認められる。

二代木津宗詮は斎号を得浅斎《とくせんさい》といい、当時梶木町に道場を開いていた茶の宗匠である。初代の木津松斎《しょうさい》宗詮は、木津村の願泉寺三六世住職小野隆龍《おのこうりゅう》その人であった。隆龍は願泉寺の住職を弟昇龍に譲ったのち、出雲松江藩主松平不昧《まつだいらふまい》の推挙により、武者小路千家《むしゃのこうじせんけ》八代一啜斎《いっとつさい》に入門し茶家を立ち上げた。一方、二代宗詮は播磨国高砂善立寺の生まれで、大坂に来てのち初代宗詮の養嗣子となった。天保六（一八三五）年十四歳の時に、武者小路千家九代好々斎《こうこうさい》に入門している。

花蹊の父重敬は初代木津宗詮と旧知の間柄で、茶の湯を師事していた。重敬は和歌を伊達千広《だてちひろ》に師事していたが、千広も初代宗詮と懇意の仲であった。ちなみに、伊達千広は明治期に外交面で活躍した陸奥宗光《むつむねみつ》の実父に当たる。

重敬は勤王の志の厚かったといわれる二代宗詮の下にもしばしば訪れている。たとえば、『日記』の文久元年四月二五日の条には次のようにある。

此日、勝蔵さま参られ候。八ツ時、木津さまより呼に来り、父さまと同道にて木津さまへ参られ候。甚馳走頂戴サレ、一更堺お吟さまと皆々帰られ候。
（『日記』第一巻、六一頁）

重敬と重敬の弟勝蔵（勝造とも記す）の両名が木津家へ呼ばれて出掛け、さんざんに御馳走になって帰宅したということであるが、このような関係が木津家と跡見家との間には存在したのである。同じく文久元年の『日記』から、その様子の一端をうかがってみよう。

五月七日　朝、後藤さまへ参り、読書済て帰り懸、木津さまより呼に来り候ゆへ、一寸参り候処、会席附認物。
六月朔日　朝より昼後迄認物。此八ツ時後より木津さま御茶之湯に参り、此時、客、辻後室さま、新三郎さま、私、五兵衛さま、笑さまにて、格別興事。夕暮に果候。
六月十五日　私、木津さまへ参り、お千枝さまの舞ノ地いたし、暫遊んで帰り候。
六月二十六日　七ツ後時より木津氏へ参り、雷の軸拝見致し候。
八月二十六日　此日、木津さまへ参り、風呂戴
九月二十九日　此朝、後藤へ参り、相読せすに木津さまへ参り、鶴の香合写し、早速帰り候。
十月十九日　風呂入に木津さまへ参り、帰り、又一寸辻さまへ参り、絹地猛虎認、終日致し、夕方、木津さまへ三之助と同道にて参り、竹柱四方棚にて稽古致し、一更ニ帰る。

十一月四日　此朝、後藤さまへ参、又木津さまへ参り、袋棚にて稽古致、帰り、認物。七ツ時堺吉井参り、一更迄酒飲して、又木津さまへ三之助同道にて参り、又御酒にて、三更迄。下男、木津さまにて一宿。

（『日記』第一巻、六四～九八頁）

花蹊は木津家とは茶の湯の門人としてばかりでなく、画の注文を受けたり名画を拝見したり、娘たちと親しく交わったり、ひいては風呂にまで入らせてもらうような非常に近しい関係にあったことがわかる。そして、その関係は跡見一族にまで及んでいた。一一月四日には、父重敬の姉梅子の子である堺の吉井が中之島の花蹊宅へやって来て一献傾け、その勢いで三之助こと重威とともに木津家へと出掛け三更、つまり深夜一二時頃まで飲み、あげくには下男は酔いつぶれたものか宿泊までしている。花蹊を始めとする跡見一族の勤王家としての志は、このような交流のなかからも育っていったのであろう。

画師として

花蹊は中之島時代、塾の経営者・教育者として活動し、また自ら学修者として学ぶことも怠らなかったが、忘れてならないのは京の都で最新、一流の画風を学んだ画師としての盛んな姿であろう。

文久元年の四月二一日から残された『日記』を追うと、「朝より認物致し終日（四月二一日）」「終日画（四月二二日）」「終日認物（四月二三日）」（第一巻、六一頁）などと、連日注文の画作に多忙を極めていた姿が彷彿とされる。ほかにも、「鴻市さまへ参り襖認（五月一六日）」といった記述や、「肥後熊本一空と申僧参り、此人日本国中書画集られ候て、私へ頼に参り候（五月一七日）」（第一巻、六六頁）といった記述が見られ、豪商鴻池の注文に応えたり、また花蹊の名が大坂を越えて知られるようになっていたこともうかがわれる。

五月一九日の条には、次のような記述も見られる。

先生、花蹊史は此節とふしてこぬと御申遊し候ゆへ、画の認物にて御無沙汰と申候へは、先生、其様ニせい出してイクラ金をもうける哉、と御申遊し候。一笑。

（『日記』第一巻、六六〜六七頁）

前述のように、先生とは当時の学問の師後藤松陰である。花蹊は朝、松陰の塾へ通い漢籍・詩文・書法を学んでいたが、五月に入った頃より休みがちになり、久方ぶりに訪れたときの会話を書きとめたものである。

花蹊は十九歳のとき中之島で暮らし始めたのであるが、大坂の町人文化へは早くに受け入れられていた。『日記』には大坂の豪商の姿を多く見出すことができる。先の鴻市とは、大坂三郷北組の鴻池別家井上市兵衛であり、ほかに北組の豪商として加島屋広岡久右衛門、鴻池屋山中善右衛門、天王寺屋辻五兵衛、升屋山方平右衛門、中之島の大和屋上田三郎左衛門、また天満組では尼崎屋又右衛門、大根屋石田小十郎、さらに辰巳屋和田久左衛門、米屋殿村平右衛門、百足屋孫右衛門など錚々たる豪商から画の注文を受け、あるいは画を教授したり、夜の宴席に同席して席画を披露したりしていた。同じく、文久元年の『日記』から引用しておこう。

五月二十日　朝より認物。此日、百孫さま御釜日にて、御茶戴ニ参り候。昼時、笑さま参られ候。昼後、父さま、高木直太郎義ニ付、筑後屋敷へ参られ候。此日八ツ時後より井上さまへ参り、日暮ニ帰り候。此帰り懸、辻さまへ寄、風呂戴候。宅へ帰り、認物致し居り候処、加州屋敷より呼ニ参り、北平辰へ参り、屋敷、小倉さま、安達さま、町方、鴻池善右衛門、辰巳や隠居、山家や□(文字不明)三郎、辻五兵衛、中村弥三郎、妓婦六、七人。此席画はつみ候て、是又一興致し候。三更半ニ帰り、四更迄認物

（『日記』第一巻、六七頁）

五月二〇日の花蹊の一日である。朝から画を描き、百足屋孫右衛門家の釜日に参列、昼過ぎからは井上家へ行っているが、おそらく画の教授に出掛けたのであろう。帰宅後、画を描いていたところへ加賀屋敷から使いの者が来て、北組の茶屋平辰で席画を披露している。花蹊の一日はそれでは終わらない。三更半というから深夜一二時に帰宅し、さらに午前二時前後まで画を描いているのである。

このような中之島での暮らしの一端は、「跡見花蹊略歴」からもうかがわれる。

此時分の大坂の形勢、幕政の盛なる時分にて、富豪家ハ諸大名の金の御用を勤め、毎日の様に蔵屋敷よりも、又御立入の町人よりも、振舞と云て、北の河佐、平辰、綿富とか、新町の織屋、高島屋と云大茶屋にて、昼早々よりハ席書画を致して、夕景より芸妓踊とか大酒宴に成ると云、是ハ盛なるもの也、町人ハ是か業の様なものにて、今日は長州様、明日ハ加州様、芸州様とか、町人ハ鴻池、広岡、平瀬其外にて、珍しき事ハ仕尽したり。（『日記』第一巻、二八～二九頁）

日本は、嘉永六（一八五三）年六月のアメリカ東インド艦隊司令長官ペリーの来航以降、まさに幕末の動乱期に突入していた。将軍のお膝元江戸も天皇の住まう京も、政争の渦のなかにあったことは言を俟たないであろう。しかしながら、当時の大坂はまた別の貌を見せていたことが花蹊の言から読み取れる。経済都市大坂では、豪商たち町人が幕末の動乱期においてもなお町の主役であった。

しかし、まもなく大坂にも、花蹊が京へと転居しなければならなかったように動乱の波が押しよせてくることになる。

姉小路公知の肖像
『姉小路公知傳』より掲載

跡見重敬、姉小路公知の家臣となる

花蹊は、自らの「跡見花蹊略歴」に次の文言を書き付けている。

父重敬、元より勤王の志厚くして姉小路公知卿に仕へる。雑掌役を仰付られる。

（『日記』第一巻、二九頁）

安政五年に花蹊を中之島に迎えた、翌安政六年のことであった。跡見重敬は姉小路公知の家臣となり京にのぼったのである。

姉小路役所から、重敬に宛てられた約定書を掲載しておこう。

約定之事

一其許儀、此度当御殿御家来之儀、願之通被仰付候、已後御用之節勿論非常等、早速参殿可有之候、仍而相違置候条、如件

安政六年八月　姉小路殿役所

跡見西市殿

（『花の下みち』、一一頁）

西市は、重敬が名乗った号の一つである。

ここで、重敬の主君となった姉小路公知の人となりを簡単に紹介しておこう。

公知は天保一〇（一八三九）年生まれで文久三（一八六三）年に亡くなっている。天保一一（一八四〇）年生まれの花蹊とは一歳違いであり、重敬が出仕したときは二十一歳であった。暗殺によって、二十五歳という若さで不慮の死を遂げる。

姉小路公知が政治の表舞台に登場するのは、安政五年に条約勅許に反対する堂上八八名の列参に加わったときであった。その後、文久二年に朝廷側で和宮《かずのみや》降嫁に尽力したため「四奸二嬪《しかんにひん》」と称され弾劾された、久我建通《こがたけみち》、岩倉具視《いわくらともみ》、千種有文《ちぐさありふみ》、富小路敬直《とみのこうじひろなお》の「四奸」と、今城重子《いまきしげこ》、堀河紀子《ほりかわもとこ》の「二嬪」の排斥運動に参加している。この年の九月には、幕府に攘夷実行を督促する別勅使の派遣が朝議で決定すると、三条《さんじょう》実美《さねとみ》が正使、公知は副使となり、江戸城で幕府に攘夷実行の勅命を伝達した。

朝廷内の役職としては、文久二年一二月に国事御用掛に任ぜられ、翌文久三年二月に国事参政に転じている。

攘夷祈願のため孝明天皇《こうめいてんのう》が、文久三年三月に加茂下上両社、翌四月に石清水八幡宮へ行幸したときには供奉した。同年四月には摂海（大阪湾）巡察の朝命により大坂に下向、勝海舟《かつかいしゅう》（義邦《よしくに》）に摂海防備策を諮問するとともに、幕府軍艦に搭乗して摂海を巡視している。

三条実美とともに尊王攘夷派廷臣の中心人物と目されていたが、文久三年五月二〇日の夜、朝議を終えた公知は御所の清和門を出て朔平門を過ぎた猿ケ辻で刺客に襲撃され、翌二一日に死亡した。

和宮降嫁と花蹊

幕末を尊王攘夷派の公家として駆け抜けた姉小路公知の生涯と、父跡見重敬ばかりでなく花蹊自身も深くかかわっていた。

公知らは、和宮降嫁を押し進めた人びとを「四奸二嬪」として排斥運動を行っていたが、実は花蹊は和宮に随い江戸へ下ることを要請されていた。幕府は、朝廷が条約勅許問題で離反する動きを見せたため、安政の大獄により反幕的な公家を弾圧する一方で、朝廷との関係修復を図るために、孝明天皇の妹の和宮と将軍徳川家茂《とくがわいえもち》との婚儀を計画した。花蹊は大奥へと入る和宮の、おそらく教育係として随従することを朝廷から打診されていたのである。和宮が江戸へと下向した年、文久元年の『日記』から関係する記事を拾ってみよう。

八月六日　此日朝、京姉小路さまより文参り、和宮様嫁入ニ付、私御供之儀申被付候。

八月七日　此七ツ時より父さま私之事ニ付、夜船にて上京致され候。此時、辻さまへ風呂戴に参り候。辻御後室さま、右江戸行ニ付、私をひどく御心はい致し候。此夜五更迄学ふ。

八月九日　此八ツ後時、父さま京師より帰られ候て、早速辻さまへ参られ候。私江戸行、色々談事、みな〳〵やめるやう御申遊し、先々やめのつもりニ相成候。

八月十日　此朝、京姉小路様より文参り、私江戸行ニ付殿様ひとく御しやん遊され候へとも、先々画のこちらにて盛相成ゆへ余りおしき物と御申遊し、先々やめるがよいと御申遊し候て、文参り候。

（『日記』第一巻、八〇～八一頁）

和宮の降嫁をめぐって朝幕間の交渉は難航を極めたが、天皇が幕府の請いを許し江戸下向の期を一〇月中下旬と定めたのが、文久元年の八月五日のことであった。まさに、その翌日に姉小路家から花蹊のもとに書状が届いていたのである。この日、木津村から中之島に帰ってきた重敬は、書状の内容を知り翌七日には慌ただしく京へと向かっている。そして、九日には京から中之島に帰ってきた重敬は、姉小路公知や親族、親しい人などと相談したのであろう、ほぼ断る方向へと傾いていた。その方向を決定づけたのは、公知からの一〇日に届いた書状であった。画業でも成果をあげ、中之島での暮らしが安定しているので、敢えて江戸へ行くこともないだろうというのが公知の考えであった。そこには、公知の尊王攘夷激派としての思想的背景といったものは、直接的にはうかがえない。後年の花蹊は、公知より「和宮様の御一方の花よりも世界の花となれ」と励まされたと回想している（『日記』第一巻、三〇頁）。

和宮様御参向行列附
郵政博物館所蔵

その後、和宮の首途の儀は一〇月三日、

京を出発する日は二〇日と定められた。『日記』にはそのことに関して、九月二八日の条に「此日、京姉さまより文。和宮様来月三日御出ましにて拝見の安内（案）条参り、私方も上京の文早速遣し候」（第一巻、九〇頁）とある。京へは九月晦日に出発したが、途中で船の楫が折れるなどのトラブルがあり、翌一〇月朔日の昼過ぎに伏見へ着き、その足で姉小路邸へと向かっている。

一〇月三日、首途の儀の当日は、七ツ（午前四時）頃より起きて身支度をし、行列を御所内で見学している。『日記』には、「誠に御行列御結構上もなき事、りつはな事、真ニおかけさまにて結構に拝見致し候。誠、御所の内、広き御路、御車、御輿、三ツ幷て御坐候処、真に筆にも及はぬ事ニ御坐候。四ツ時、御通行済」（第一巻、九二頁）と、その見事さに感極まった様子が記されている。この日、和宮は祇園社に詣でていた。長途の旅にあたって、出発前に行粧を整えて神社に参拝し、旅中の平安を祈念したのである。和宮は御所の参内殿より唐庇青糸毛の車に乗り、卯の刻に宜秋門を出発した。

その後、一〇月二〇日に江戸下向の途についた和宮は、一一月一五日に江戸に入っている。将軍徳川家茂との婚儀は、翌文久二年二月一一日に催された。

なお、花蹊は蓮観院《れんかんいん》（姉小路聡子《あねがこうじさとこ》）から依頼され、和宮への進物とする「絹本三十枚人物花鳥山水等」を描いている。文久三年のことであり、江戸城の大奥に入った和宮の慰めに、花蹊の画はなったのではないだろうか。

攘夷別勅使の下向

和宮降嫁に花蹊が随従することに反対の意を唱えた姉小路公知は、文久二年に入り、和宮降嫁を推進した「四奸二嬪」の排斥運動に参加していたことは前述した。やがて九月になると、幕府に攘夷実行を求める勅使派遣が話題として浮上するが、それを強く望んだのは公知であった。周囲にあった慎重論などが押し切られ、九月一八日、勅使派遣は決定された。正使は三条実美、副使は姉小路公知が務めることとなった。

三条、姉小路の別勅使は一〇月一二日に京を出発し、二七日には品川に到着した。ところが、将軍徳川家茂が麻疹の療養中であったため、江戸城入城は一か月後の一一月二七日のことであった。その日、正使三条実美から将軍が勅書を受け取ると、その内容が読み上げられた。

勅書は、攘夷の実行と各藩に御所の警護を求めるものであった。将軍は、来春に上洛し奉答することを約束した。使命を果たした勅使は、一二月二六日に帰京している。

跡見重敬は姉小路公知の家臣として、この別勅使に随った。

九月二三日、中之島の花蹊のもとへ姉小路家から書状が届いた。そこには、「此度姉小路様関東へ御勅使、上様より仰出され、急々御下りのよしにて、親父さま御供のよし仰付聞られ、何分急々京上の致す様」(『日記』第一巻、一三六頁)にと記されていた。父重敬は木津村にいたので、花蹊は知らせに駆けつけている。重敬は夜の船で急ぎ上京した。

一〇月三日にも書状が届き、「三之助事、三日夜船にて上京」(『日記』第一巻、一三八頁)するようにとの連絡であった。三之助は、花蹊の弟の重威である。一一日の『日記』には、「三之助事、此度御供、殿様格別の思召にて用人に相成、三之助を典膳と名を戴、父さま用附に候也」（第一巻、一三九頁）とある。副使姉小路公知の江戸下向に重敬、重威の父子ともに随従したのである。公知には、土佐勤王党の武市瑞山《たけちずいざん》も付き従っていた。

一〇月一二日に京を出発した一行は、一八日には遠江の浜松宿に着いていたことが、重敬から花蹊のもとに届けられた書状からわかる。二九日付の書状には、二八日に無事に江戸に着いたとある。

文して申入参せ候、いよ〱御無事に候や、日々あんじ参せ候、われ事も典膳儀も無事に御供申二十八日江戸御着輿、まづ〱御あんしん可被成候、殿様の御威勢誠に大層の事に而、品川迄、松平春嶽様、松平豊前守様御出迎、御旅館之御機嫌伺、将軍様より御菓子、御料理、それは〱申しやうなく見事のものに御座候、右之御菓子、高家出羽守より拙者請取御前へ差上、直様春嶽様、豊前守様御対顔、御側に拙者典膳罷在候、右之次第之事は是までにもとんとなき事に御座候、いろ〱申度候得共いそがはしく候て寸暇なく候、早々木津へ無事着之儀御申遣し、寺へ此書御差出し可被成候、まづはいそもじあら〱目出度かしこ

十月二十九日　　　　　　　　　　重敬

幾野どの

花蹊どの

元之助どの

江戸城大広間における勅使と将軍の対面の図
上段中央が三条実美、左側に姉小路公知。中段が徳川家茂、その後ろに一橋慶喜　『三条実美』より掲載

尚々伝奏屋敷より又々清水様御館へ御引移に相成候事、是は又々後より申入候
（『花の下みち』、一二頁）

重敬は、品川における幕府方の出迎えの様子を、「是までにもとんとなき」ほどの厚遇と見ているが、その観察は正鵠を得ていた。

前述のように、勅使一行の江戸城入城は、徳川家茂の麻疹のため江戸着からほぼ一か月後のことであった。しかし、入城にあたっては大変な厚遇であった。三条勅使が玄関前で輿を降りると、将軍が玄関敷台上まで出迎えた。大広間では、三条と姉小路が上段、将軍と一橋慶喜《ひとつばしよしのぶ》は中段、老中以下は下段に座り、帰るときにも将軍や老中などが見送った。それは、朝廷と幕府の君臣関係を明確にするものであった。

なお、花蹊は江戸からの要望で、一一月一六日、一七日にかけて短冊を計二一枚認めている。幕閣の人びとへの使い物にでもなったのであろうか。翌文久三年には、和宮への進物の画を描いていたことは、先に記した通りである。

孝明天皇の攘夷祈願と将軍徳川家茂の摂海巡視

文久二年一二月二六日に三条実美と姉小路公知が帰京すると、京では攘夷実行を求める機運が一気に高まった。

花蹊は文久三年の一月七日から二〇日まで上京し、姉小路邸で正月の諸行事に参加していたが、この間、同邸には三条実美・沢宣嘉・毛利《もうり》淡路守《あわじのかみ》（元蕃《もとみつ》）など、尊王攘夷派の公家・大名などが訪れていたことが『日記』から知られる。

尊王攘夷派志士の行動も激化し、一月二二日には儒学者の池内大学《いけうちだいがく》が暗殺され、首が大坂の難波橋に梟される事件があった。花蹊は社会の動向を注視していたのだろう。この事件は『日記』にも書きとめられている。また二月二三日には、同じく尊王攘夷派志士によって、京の等持院に安置されていた足利三代の木像の首が切られ、三条河原に曝《さら》される事件が起こっていた。この事件も、父重敬からの書状によって知った花蹊は、二月二四日の『日記』に制札文とともに書きとめている。

此日、京父さまより文来、又三条河原首三ツ曝在之候。
足利尊氏、足利義詮、足利義満、制札之逆賊、正名分之今日ニ当り、鎌倉以来逆臣一々遂吟味、
可処誅戮之処、此三賊、巨魁たるに依而、先其醜像へ加天誅者也
文久三亥年二月二十三日

（『日記』第一巻、一六九頁）

このような状況下、将軍徳川家茂は約束通り三月四日に上洛した。徳川将軍が京に上るのは、実に二二九年振りのことであった。

三月一日には、孝明天皇が加茂下上両社へ行幸し攘夷祈願を行った。このとき将軍家茂も行列に加わった。四月一一日には石清水八幡宮に攘夷を祈願したが、このときは将軍は病気を理由に参列しなかった。

花蹊は仲間と連れだって上京し、加茂下上両社への行幸を往きも還りも見学している。その日の『日記』を引用しておこう。

三月十一日　夜明後、御上由姫さま御一方にて、女中皆々御供して伏見さまの前米屋へ行。大分久しくして上様御行御行列、真に有かたき事、御鳳輦にて上様の御すかた拝し候より、あまり有かたくゆへ涙こほし、真もつたいなき事也。夫より御公家さまかた、将軍、皆々騎馬にて、夫ハ〳〵見事の事也。昼後に御内へ帰り候。夫より大坂より参り候人々へ御坐敷方々拝見させ、夫より大坂の人皆々帰られ候。又、私、おきくさま、おさつさま、蓮観院さまの下男つれて、（空白）尼寺へ行、蓮観院さまの御供して加茂の堤へ行、御還行拝見する。又しやう明にて、夫ハ〳〵見事の事也。御帰り一更也。夫より暫して殿様御帰り遊し、殿様御居間、御馳走戴候て、暫御咄し申上、三更に臥。

（『日記』第一巻、一七三頁）

往きは伏見宮邸前の米屋町で、還りは加茂川の堤で見学した花蹊は、整然と統制のとれた行列の見事さに感動している。

花蹊は四月の石清水八幡宮への行幸も見学している。その日の『日記』も引用しておこう。

四月十一日　明六ツ起にてこしらへして、淀の大橋の西詰拝見場所へ行、終日行幸を待、漸日暮、此処へ御通りあらせられ候へとも、乱行列也。拝見して帰り候処、八幡の火真に満目也。

四月十二日　朝御還行四ツ時と申事にて、朝五ツ時、人試に遣し候処、もはや御還行御済せられ候て、真に残念也。

（『日記』第一巻、一七九頁）

加茂下上両社への行幸とは異なり石清水八幡宮への行幸は、花蹊の眼には「乱行列」と評せざるを得ないようなものであった。しかも、日暮れに通過した行列は、翌日の早朝には還幸しており、花蹊は見学の機会を逃している。

四月二〇日、将軍徳川家茂は海防視察のため京から大坂へ下った。二三日には、幕府軍艦に乗り、勝海舟の案内で摂海を巡視している。一方、朝廷側では二四日に姉小路公知が勅使として大坂に向かい、大坂城で将軍と面会している。これは、将軍の動きを牽制するためであった。

公知は二五日に、勝海舟から海防の現状について説明を受け、翌二六日にかけて幕府軍艦に乗り兵庫まで視察している。二七日には堺の台場、二八日には紀淡海峡まで巡視し、二九日に大坂着、五月朔日には大坂城で将軍と面会し京へ帰っている。このとき従兄弟の吉井見蔵《よしいけんぞう》が堺から公知の御供をし、中之島の花蹊宅に二泊していった。当時、見蔵は堺に医院を開業していた。のち九月、天誅組《てんちゅうぐみ》の変に弟儀蔵《ぎぞう》が参加していたことに詮議を受け、見蔵は自刃を遂げている。

勅使姉小路公知には、跡見重敬、愛四郎父子のほか、桂小五郎《かつらこごろう》（木戸孝允《きどたかよし》）、志道聞多《しじもんた》（井上馨《いのうえかおる》）らが付き従っており、勝海舟の鑑上には坂本龍馬《さかもとりょうま》らがいた。

朔平門外の変（猿ケ辻の変）

姉小路公知は尊王攘夷派公家の象徴と目されてきたが、その最期は不意に訪れた。朔平門外の変（猿ケ辻の変）である。文久三年五月二〇日の夜、朝議をおえた公知は御所の清和門を出て、朔平門を過ぎた猿ケ辻で襲撃された。深手を負いながらも自邸までたどり着いた公知は、翌日の深夜に息を引き取った。

まさに、跡見家にとって一大事であった。花蹊の姉藤野が奥向きに仕え一子千重丸をもうけており、父重敬ばかりか花蹊の弟重威、愛四郎も家臣として仕え、あまつさえ跡見家一族の吉井家の人びとも思想的に大きな影響を受けていたと思われ、花蹊自身も親しく交わっていた姉小路家の主が暗殺されたのである。

花蹊の『日記』からは当時の様子が手に取るようにわかるので、追ってみることにする。

五月二〇日、事件のあった当日、姉小路家から花蹊のもとへ団扇が三〇本届いた。これは大坂勅使の土産として「禁中様」へ差し上げたいので、花蹊に絵を描くようにとの依頼であった。早速、花蹊は作業に取り掛かり、二一日、二二日も団扇に絵を描いている。そんな二二日の昼過八ツ時（午後二時）に、姉小路家から「大急御用の御書面」が到来した。書中には「殿様御大病ゆへ御状着次第早々かけ付る様に」と記されていた。「皆々驚〳〵入候」へども、当日中之島にいた父重敬の判断は、「是は誠の御病気にてはなく、是文の様子にては殿様御立腹にて御役御引せられ候哉」というものであった。重敬は早船で上京した。二三日には唐津屋敷からもたらされた情報によって、「京都大変之儀」の次第が明らかになってきた。花蹊は「ひつくり、わつとなく計」であった。早速木津村へ行き、母幾野にも告げられた（『日記』第一巻、一八六頁）。五月二四日には京より書状が届き、事件の詳細が明らかになった。花蹊の『日記』を引用しておこう。

此日昼前時、京師より店走りにて文来。殿様御事、廿日之夜四ツ時（午後一〇時）、御所より御退出懸、朔平御門の廻り懸にて、浪人物三人、面を包、うしろはち巻にたすきかけにて、向より御胸を切付、此きつ長六寸深サ四寸計、殿様、太刀ヲ〳〵と四度も仰せられ候へとも、御太刀持金輪勇と申物、御太刀持なから逃去、御丁ちん物も逃去、御そはに中城右京入られ、此人刀抜放、一人付おつかけ候処、又殿様へ二人かゝり、右京も是ハと跡へ帰り候処、殿様御耳より御えりへ懸三寸計切付、御鼻の下より又四寸計切計《（付）》、其間御扇子にて御たゝかひ遊し、かたき、今一度と振上ル刀を殿様御引たくり遊し、わき腹御切遊し候処、雲霞にかたき二人逃去。夫より殿様御高下駄御召遊しなから、平生同様ニ御走遊し、御かへり遊し候。御内御門前にて又殿様右京御切かけ遊し候へは、右京事、右京て御坐り升と申候へは、よしと仰せられ候。夫より御玄関までならせられ、御玄関より、おたきさまと典膳、右京、三人して御居間迄連れまし、夫よりいろ〳〵御物仰せられ候処、常同様の御言葉にて、イシ参り、御ミヤクも平ミヤク也。殿様、胸かくるしい枕を卜仰せられ、又うつむせに遊し、終に其まゝ御往生遊し候。三更過頃(午前一時過頃)也。真に京師の人々、町中、裏やに至迄も、泣物計也。此夕、私、元之助連、卯兵衛と同道にて夜船乗、上京致し候。此日、扇面五枚認ル。

（『日記』第一巻、一八六～一八七頁）

朔平門の佇まい
筆者撮影

姉小路公知は小柄だったが、「気骨精悍」であったと評されている。そうした性格は、賊と戦ったときの様子からもうかがえよう。瀕死の公知を玄関に迎えたのは、「おたきさま」つまり千代瀧こと花蹊の姉藤野と、「典膳」こと弟の重威であった。花蹊は二四日のうちに夜船で上京し、二五日に姉小路邸に入った。この日、御所より勅使として高松三位が遣わされ、口宣案が伝えられた。

口宣

上卿正親町大納言

文久三年五月二十五日　宣旨
故右近衛権少将藤原公知朝臣
為　皇国忠誠苦心　依
叡感不斜　被垂愛憐　宣増賜
参議左近衛権中将
　蔵人権右中弁兼右衛門権佐藤原博房奉

（関博直編『姉小路公知傳』、二七三〜二七四頁）

姉小路公知は、勅命によって「右近衛権少将」から「参議左近衛権中将」に昇進した。また、賊と刃を交え忠義を尽くした中条《ちゅうじょう》右《う》京《きょう》にも、関白より褒状と白銀五枚が下された。

　中条右京
主人於路頭横難之節　抛身命尽忠節之条
神妙之至　被為有
御感候旨　関白殿被命作事
五月

（『日記』第　巻、一八八頁）

前年から行動をともにしてきた三条実美は、公知の死去の報に接すると直ちに姉小路邸を訪れ、「余実に半身を失ふ如く、深く之を愛惜す」と悲しんだという（刑部芳則『三条実美——孤独の宰相とその一族』、三〇頁）。花蹊は、二九日に執り行われた葬儀に参列し帰坂している。

一体、姉小路公知を襲ったのは誰であったのか、また殺害にまでいたった理由はどこにあったのだろうか。公知暗殺の刺客は三人であったが、容疑者としてまず浮上したのは、現場に落ちていた刀から薩摩藩士の田中新兵衛《たなかしんべえ》であった。しかし、捕らえられた田中は自害したため、真相は不明である。他に容疑者として、姉小路と三条の一族である滋野井公寿《しげのいきんひさ》と西四辻公業《にしよつつじきみなり》の名前があがっている。

藤井瑞枝は、新聞人、衆議院議員として活躍していた島田三郎《しまださぶろう》に公知が奇禍にあった理由を尋ね、それに対する島田の返書を『花の下みち』に掲載しているので全文引用しておく。

三条卿（正使）姉小路卿（副使）として関東下向ありしは京都の有志専ら建議して行はれたる事なるが、其中心は長州の人なりき。当時薩長二藩の勢力競争は激烈にて長州侯嗣子長門守と申されし方が東下せし後引続き薩州侯別家大隅守（後三郎、維新後久光卿とて左大臣となりし人）東行せしに長の嗣君は之を避けて東山道より西行したる為めに、薩州方に物議を生ぜし如きは其もつとも露骨なる一例なり。姉小路卿は三条卿よりも剛強の人にて目に立ちて見えたるなり、長州は二卿を友として活動せしかば、薩人は二卿を快く思はざりき。幕府の海軍奉行勝義邦（安房守後に安芳）兵庫に軍艦を艤装して諸国の青年にも観せ、特に陸海軍の準備をもなさずして攘夷を為すは無謀なりとの事を実物教育的に示し、其旨を明言せざるも、公卿中有力なる人を迎へて艦内を観覧せしめんと、姉小路卿を招きたるに、卿は之を観て頗る心を動したりと。此等の事攘夷家の青年に訛言を伝へ、卿は強硬なる攘夷論を緩和せられしと評され、一方に長と親善なるは薩人の不快を招き、種々の論沸騰したりしが、是ぞ暗撃の奇禍に遭はるゝ不幸となりたるなりと。当時薩人某嫌疑を受け、半途自殺したる為め、事終に不明に帰せり。

（『花の下みち』、一二三頁）

島田三郎は真相は不明としながらも、一つには勝海舟との接触によって強硬な攘夷論者であった姉小路公知が軟化したと見られたこと、二つには長州と昵懇であったことが薩摩の反感を買っていたこと、そしてこの両者が合わさったことが奇禍を招く原因になったとの意見を述べている。

花蹊は後年、「姉小路公知卿の五十年のみ祭に」際会して、次の二首を詠んでいる。

太刀風に　身はたふれても　天がけり　国がけりして　御代守るらん

（高橋勝介『跡見花蹊女史伝』、一六二頁）

さみだれの　雨のふる事　思ひ出《い》て　山ほととぎす　音《ねおと》にやなくらむ

（跡見花蹊『をりをり草』、三二四頁）

天誅組の変と八月一八日の政変

文久三年の八月に、また跡見家を捲き込む大きな事件が起こった。

姉小路公知暗殺事件が起こった五月以降、長州藩の木戸孝允、久坂玄瑞《くさかげんずい》、熊本藩の轟《とどろき》武兵衛《ぶへえ》、土佐藩の吉村寅太郎《よしむらとらたろう》、さらに福岡藩の平野国臣《ひらのくにおみ》、久留米藩水天宮祠官の真木和泉《まきいずみ》らが、公家子弟の教育機関として京に開講された学習院に出入りし、尊王攘夷派の公家たちと議論を重ねた。その場で真木和泉は、加茂下上両社、石清水八幡宮に続いて、天皇が攘夷祈願のため神武天皇の山陵および春日社を参詣し、神征の軍議を行うという大和行幸の計画を示した。三条実美はこの計画を天皇に奏上、八月一三日には行幸決定の詔勅が出され、実行期日は二八日と定められた。

この詔勅の翌八月一四日、吉村寅太郎、備前の藤本鉄石《ふじもとてつせき》、三河の松本奎堂《まつもとけいどう》ら尊王攘夷派の志士が天誅組を結成し、公卿中山忠能《なかやまただやす》の子忠光《ただみつ》を擁して、洛東の方広寺に結集し、大和挙兵の議を決した。それは、天皇の行幸を「数千之義民」を募り、大和の地で迎えようとする行動決議だった。一七日、天誅組は大和国五條の幕府領の代官所を襲撃して、代官等を殺害し、同地の桜井寺に本陣を置いた。そして、近傍の庄屋ら村役人を呼び集めて挙兵の趣旨を告げ、年貢の半減令を布告した。ところが、「八月一八日の政変」により事態は一変した。

八月一八日の午前一時過ぎ、中川宮尊融親王《なかがわのみやそんゆうしんのう》や二条斉敬《にじょうなりゆき》、徳大寺公純《とくだいじきんいと》、近衛忠熙《このえただひろ》・忠房《ただふさ》父子、京都守護職松平容保《まつだいらかたもり》、京都所司代稲葉正邦《いなばまさくに》らが参内し、御所は会津藩・淀藩・薩摩藩の藩兵が警護するなかで朝議がもたれた。公武合体派によるクーデターが起こされたのである。

『天誅組河内国甲田村水郡邸出発之図』に描かれた長野一郎
『跡見学園中学校高等学校紀要』第16号「口絵」より掲載

ほかならぬ、孝明天皇は攘夷という点においては変わらなかったが、尊王攘夷激派が朝廷の実権を掌握し、天皇の権威を踏みにじる勢いになっていたことに憤りをつのらせていたという。

八月一八日、尊王攘夷派の公家は参内を停止され、長州藩は京都を追われた。故姉小路公知と行動を共にしていた三条実美や、跡見家と関係の深かった沢宣嘉ら七卿は長州藩へ逃れた。いわゆる「七卿落ち」である。一九日、大和行幸も取り消され、天誅組は一転して賊軍となり、幕府から追討の軍を差し向けられた。天誅組は十津川郷士一〇〇〇人余を糾合し、なお二六日高取城を攻撃したが敗れ、挙兵軍は壊滅、主将の中川忠光はかろうじて長州に落ち延びた。

この天誅組に長《なが》野《の》一郎《いちろう》という人物が参加していた。本名は吉井儀蔵、河内国錦部郡長野村の出身であった。

花蹊の父重敬の姉の一人に梅子がいた。彼女は長野村の医師吉井寛斎《よしいかんさい》のもとに嫁ぎ、三人の男の子を産んでいた。上から見蔵・文蔵・儀蔵というが、実はこの三人のなかの吉井儀蔵こそ長野一郎であった。儀蔵は当時、長野村吉井家の本家、南河内郡大ケ塚村の吉井家のじゅうと結婚し本家を継いでいた。緒方洪庵の適々斎塾に学んだ蘭医であり、高取城攻めのときには負傷した同志の弾丸摘出手術を行ったと伝わる。儀蔵は幕府軍に捕らえられ、京六角の獄につながれて、翌元治元年二月一七日に処刑された。長野村吉井家の人びとも全員詮議を受けたが、長男見蔵は取調を受けている最中、取調役の脇差を奪って自刃した。文久三年九月五日のことである。

花蹊が八月一八日の政変を知ったのは、同月二〇日のことであった。「此日説、一時日（昨）十八日、越前春岳御所へ大鉋（砲）打込候由にて大変由」と『日記』に記している（第一巻、二〇三頁）。早速京都に駆けつけようとしたが、隣家の両家から中之島に止まることをすすめられ、また「京師通行道こと〳〵く往来留にて人一人も通さぬ由仰せられ、又々是にてさしひかへ」ることにした（第一巻、二〇三頁）。二二日には京から書状が届き、「十八日暁の大変」の様子をくわしく知ることができた。花蹊は、「真に涙落而如雨、何とも角ともいふにいへぬ事也。終日、此事計思ひ、只ためいき計也」（第一巻、二〇三頁）といった塩梅だった。

二五日には、中条右京が中之島の花蹊宅を訪れ、これより長州に向かうことが告げられた。

二七日には、堂島川を挟み花蹊宅の対岸にあった尼崎藩の屋敷に、甲冑に身を固め幟を押し立てた兵士が大勢集結しているのを眼にしている。「真にイクサノ如也。何やら世間の説にてハ大和へ流人せめに行れ候よし也」（第一巻、二〇四頁）と、天誅組の変を知る。二九日には、「此日、人のうハさにハ大和高取ニて流士せめ、打取生取六十人、首七、八ツと申説也」（第一巻、二〇四頁）と、噂ではあるが少しづつ具体的なことが知られるようになっている。

花蹊は従兄弟の吉井儀蔵の天誅組参加を感づいてはいなかったのだろうか。文久三年の四月一八日、儀蔵が中之島の花蹊のもとを訪れ一宿していった。この夜、花蹊は眠れず「私事夜通し読書」した（第一巻、一八〇頁）。儀蔵二十六歳、花蹊二十四歳、いったい何を語りあったのだろうか。

花蹊が、天誅組の変を本当に身近なものとして感じたのは、九月五日に届いた父からの書状であった。そこには、「やはり事発ル故、何も〳〵用意可致様」（第一巻、二〇五頁）と記されていた。動乱の時代に勤王の志を立てて生きた跡見家の人びとは、かなりの覚悟をもって生きていたのだろう。六日には、吉井見蔵が前日に亡くなったことを知る。そして、一〇日には「長野より人来、何分父さまニ来てくれ様」（第一巻、二〇六頁）と切実な依頼に中之島へ来たが、跡見家の人びとも軽々に動くことができない情勢下にあった。

一〇月に入って一八日の『日記』には、「咄しに、又但馬辺銀山ニ流人たてこもり居られ候て、大将沢水主守（主水正）さま、改名姉小路五郎丸として御座るよし也」（第一巻、二一三頁）との記事が見える。生野の変である。平野国臣らが地元の豪農商層らと図り、大和天誅組に呼応して挙兵計画を立てたものである。彼らは一〇月一二日に生野の代官所を占拠した。この挙兵軍は、八月一八日の政変で長州に走った七卿の一人沢宣嘉を総裁に迎え、地元の村々には三か年の年貢半減令を発し、約二〇〇〇人の百姓を結集していた。しかし、出石・姫路藩らの藩兵に包囲されると、沢らのほか多くの者が脱走し、挙兵三日にして敗北した。沢は幕府の手に捕らえられることなく、その後も諸藩士たちと交流しながら潜伏し、慶応三（一八六七）年一二月の王政復古の政変により赦免され、翌年の正月帰京している。前述のように跡見家と縁の深い沢だけに、花蹊も日記に書きとめたのだろう。

また、八月二五日に花蹊のもとへ訪れた中条右京は、生野の変に参加していた。萬里小路博房の子関博直《せきひろなお》の編輯になる『姉小路公知傅』には、右京について次のような記事が載せられている。姉小路公知の死後、

> 同家を辞し、生野銀山に沢宣嘉に随ふ、兵潰えて宣嘉に追ひ及ばんとす、播州に至り村民の銃傷する所と為り、終に自刹して死す、実に文久三年十月十四日、享年二十一なり
>
> （関博直編『姉小路公知傅』、二八五〜二八六頁）

中条右京もまた、若くして激動の時代に散っていった。

大坂三郷中之島から京師へ

文久三年の八月一八日の政変で公武合体派が主導権を握り、しかも当主公知を失った姉小路家は、当面しては政治の表舞台から退いた。姉小路家の遺族や家臣跡見重敬らの使命は、幼君を養育し後見

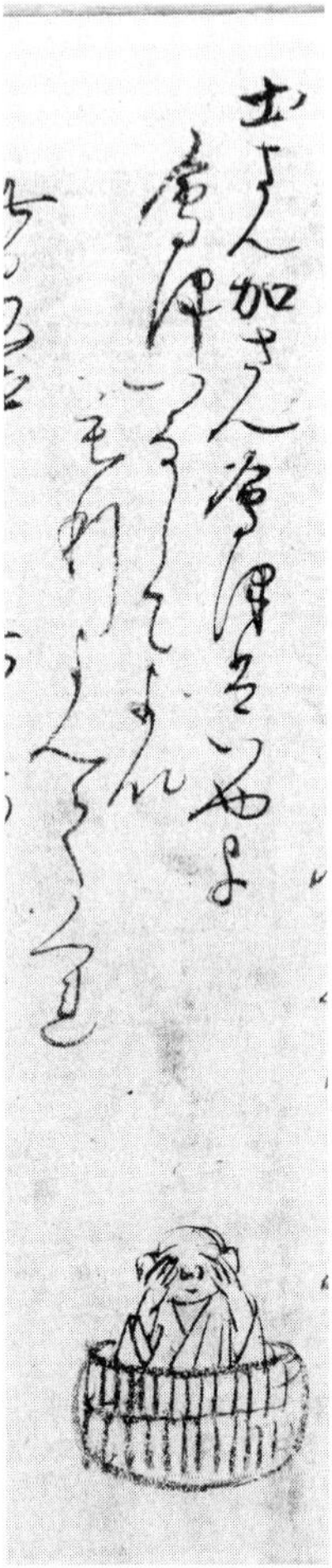
『跡見花蹊日記』
元治元（1864）年10月19日の条
跡見学園女子大学図書館所蔵

することであった。

中之島の花蹊は、世の動きをよく観察しながら日々の活動を続けた。

元治元年、将軍徳川家茂は一月から京に滞在し五月に大坂から海路で江戸へ帰るが、この間の将軍の動静を花蹊は『日記』に記している。五月七日大坂へ「将軍着」、一一日には「此日、将軍天保山行、朝四ツ時、馬にて向通られ候」（第一巻、二四八頁）と、将軍の姿を見ていた。そして、一六日には「此日、将軍関東へ帰られ候」（第一巻、二四九頁）と記している。六月五日には、「此夜、京師騒動起」（第一巻、二五二頁）と、池田屋事件の情報を掴んでいた。七月の禁門の変（蛤御門の変）、それに続く長州征討の情報に接しては、「長州、弥朝てきにおとしいれ、真にたんそくして死る心地也」（第一巻、二五九頁）と、無念の思いを吐露している。

しかし、打ちひしがれているばかりではなかった。一〇月一九日の条には、「京大変の噂聞」きながら、次のような戯れ歌を絵入りで記している。

土さん加さん会津はいやよ　会津いなしてよい　毛利よんてくれ　（『日記』第一巻、二七二頁）

年が明けて慶応元年、いったんは幕府に屈服した長州藩だが、藩論を恭順から倒幕に転換させ軍事力の強化に努め始めた。これに対し幕府は、再び長州征討を宣言し、将軍をはじめ諸国の軍勢が続々と大坂に集結した。また、イギリス・フランス・アメリカ・オランダの列国は兵庫まで艦隊を回航して圧力をかけ、条約の勅許を迫り勝ち取った。

そのような騒然とした世情のなかで、九月二〇日、姉小路家の蓮観院から文が届いた。それは、「木津、中之島、両家とも女壱人ゆへ安心ならぬ事故、早々家のかた付して京師へ引越候様」（『日記』第一巻、三三〇頁）にとの要請であった。花蹊は木津村へ相談に出掛けているが、母幾野は聖徳太子以来の由緒ある地の木津村にとどまりたい意向で、京へは花蹊一人で行くようにとの返答であった。花蹊は翌日から京行きのための準備にはいり、親しい人たちへの暇乞いなどをし、二四日には徒歩で京へ向かっている。そして、二六日に姉小路邸に入った。これより明治三（一八七〇）年一一月に東京に移るまで、すなわち花蹊二十六歳から三十一歳まで足掛け六年にわたる京での暮らしが始まるのである。

花蹊は多感な時代を中之島で過ごした。しかも、身のまわりで大きな事件に遭遇していた。幕末の激しい政争の下、跡見家の主君の死、そして従兄弟の死など、彼らも花蹊と同じ二十歳代の若者であった。花蹊はその胸中で何を憶い育んでいただろうか。当時の『日記』で花蹊はおのれの思想など開示することはないが、記述の端々からは動乱の時代に屈することがなかった気概を読み取ることができる。

後年、「世の物騒に驚かず」と題して、この時代を花蹊は次のように振り返っている。

私は天保十一年の生れで、未だ幼少の頃は、世の中が太平でありましたが、稍々《やゝ》年をとるに随ひ、追々物騒になりました。安政の時から文久にかけて、世は益々乱れて参りまして、京都に七卿落あり、沢さんは生野銀山で、中山侍従は十津川《とつがは》で、孰《いづ》れも兵を挙げるなど、随分騒がしい世の中でありましたので、学問をする人も、落着いて居れぬ、殊に大阪などは、非常に騒がしいので、難を他国に避ける塩梅《あんばい》でありましたが、私は斯《か》る世の中のことに頓着せず、せつせと学問書画の上達を計り、一方には子女の教育に勉めました。一体私は木津の生れで、一時修業の為、京都に出て居ること二年、文久の頃には、大阪中之島に寓《ぐう》して、後藤松蔭先生の講義などを聴き、随つて学び、随つて教へると云ふ有様でございました。

（『女の道』、一二〇〜一二一頁）

あらゆるものが政治化していくような季節のなかで、揺動することなく、いっそう学芸の修養と子女の教育に精進していったことが述べられている。もとより、その芯のところには勤王の志があったものと思われる。勤王家としての矜恃を胸に秘めつつ、「随つて学び、随つて教へる」その歩みが、「跡見学校」創設の礎となっていったことは確かであろう。

同じく後年、中之島時代を偲んで花蹊が詠んだ歌があるので紹介しておこう。

またもこよひ　夢にぞ見ける　中の嶋　浪花ずまひの　わかゝりし世を

（跡見李子編『花の雫』、三三二頁）

第二節　京師時代

不言亭の新築

安政五（一八五八）年から暮らしていた大坂三郷中之島を離れ、慶応元（一八六五）年九月二六日より花蹊の京での新しい生活が始まった。父重敬が姉小路家に仕えたことにより、京へはしばしば訪れていたものの、中之島で塾主として、学修者として、そして画師として盤石な基盤を築いていた花蹊の暮らしを顧みるならば、京への転住に迷いはなかったのであろうか。

「跡見花蹊略歴」には子弟との別れについて、「是まで教育したる子弟に別る丶事、実に子弟之なげき、慈母に離る丶如く、泣の涙にて漸別れゆく。当時門人五十八名」（『日記』第一巻、三八頁）と記されている。しかし、それは慌ただしい別れであった。蓮観院から京への移住の誘いがきたのは九月二

新座キャンパスの不言亭
跡見学園女子大学大学資料室所蔵

〇日であり、中之島出立は二四日のことであった。

九月二六日に姉小路邸に仮の荷解きをした花蹊は、やがて一二月一三日に「私宅へ屋移り」（『日記』第一巻、三三五頁）している。転居場所については不明である。それから翌慶応二（一八六六）年の九月三日にいたり、岡崎の香川景嗣《かがわかげつぐ》の家を借りて、再び花蹊は「家移り」をしている。この家は「茶を楽しみ候には実に妙」であった（『日記』第一巻、三五七〜三五八頁）。

しかし、この頃、花蹊は京において定住するための自宅の建築を考えていたようで、慶応二年も押し詰まった一二月二九日に新築された家に引っ越しをしている。この月の二五日に孝明天皇が崩御していたので、正式の発表が行われる前に何とか完成させたいと、「大工日々セメ候て」できた家であった（『日記』第一巻、三五七〜三五八頁）。その証しには、翌慶応三（一八六七）年の三月一九日にいたっても、「朝ヨリ左官来、座敷壁ぬり候」（『日記』第一巻、三六八頁）といった状態であった。この建築資金は、花蹊が中之島時代に貯蓄した塾の月謝と書画の揮毫料によるものであっただろう。慶応三年一〇月六日からは、木津の地を離れることを拒んでいた母幾野も同居することになった。

新居の場所は東洞院二条上ルで、御所と姉小路邸の近くであった。花蹊はこの家を「不言亭（不言庵)」と名付けている。

現在、跡見学園女子大学新座キャンパスに、同じく「不言亭」と名付けられた建物が存在する。この建物は、大正八(一九一九)年に花蹊の八十歳を祝賀した教え子たちの寄贈により、かつての跡見女学校の柳町校内に建てられていた書院を移築したものである。花蹊の余香を伝える建物として、現在も茶道や華道などの授業に活用されているが、その発祥は京の地に建てられた不言亭にあったのである。

また当時、書画の遊印に彫られた「家在神京鴨河西」の印文には、天皇の住まう都に自らも居を構えることができたという、誇らしげな気持ちが込められているともいえるのではないだろうか。

王政復古と花蹊の動静

元治元(一八六四)年七月の禁門の変による大火で、景観が一変した京で花蹊は新たな暮らしを始めたのであるが、幕末・維新の動乱はよりいっそう激しさを増していった。政局は公武合体、尊王攘夷の運動から、倒幕へと向かって行くことになる。

高杉晋作《たかすぎしんさく》らの働きによって、藩論を幕府への恭順から倒幕へと転換させた長州藩に対して、慶応元年四月、幕府は再び長州征討を宣言するが、頼りにしていた薩摩藩はひそかに長州藩を支持する態度を取った。慶応二年には、土佐藩出身の坂本龍馬らの仲介によって薩摩藩は長州藩と軍事同盟の密約、薩長同盟を結び反幕の態度を固めた。このため、第二次長州征討の戦局は幕府に不利に展開し、七月二〇日の将軍徳川家茂の急死によって休戦協定が結ばれ、一二月の孝明天皇の死を機に、翌慶応三年一月「解兵の沙汰書」が出され正式に幕長戦争は終結した。

徳川家茂のあと一五代将軍となった徳川慶喜は、フランスの援助を期待しつつ幕政の立て直しに努めた。しかし慶応三年、前年に軍事同盟を結んだ薩長両藩は、ついに武力倒幕を決意した。これに対し土佐藩は、あくまで公武合体の立場を取り、藩士の後藤象二郎《ごとうしょうじろう》と坂本龍馬は前藩主の山内豊信《やまのうちとよしげ》（容堂《ようどう》）を通じて慶喜に、倒幕派の機先を制して政権の返還をすすめた。徳川慶喜もこの策を受け入れ、ついに慶応三年一〇月一四日、「大政奉還の上表」を朝廷に提出した。

同じ一〇月一四日、朝廷内の岩倉具視らと結んだ薩長両藩は、「討幕の密勅」を手に入れていたが、大政奉還の上表でまさに機先を制せられることになった。大政奉還によって幕府に代わり天皇を頂点とする新政府が樹立されることになるが、この新政府の主導権を誰が握るのかが新たな争点となった。薩摩藩らは、一二月九日、御所を軍事的に制圧、天皇が「王政復古の大号令」を発し、徳川慶喜を排除した新政権を樹立した。新政府は、将軍はもとより、朝廷の摂政・関白も廃止して、天皇のもとに新たに総裁・議定・参与の三職を置き、参与に薩摩藩やそのほか有力諸藩を代表する藩士を入れた雄藩連合の形を取った。これに反発した徳川慶喜は、京から大坂城に引き上げ新政府と軍事的に対決することになった。

この間の、花蹊の動静を追ってみることにしよう。

花蹊は慶応元年の正月に上京した折、禁門の変後の惨状を目の当たりにしていた。「京師の焼、始て驚々入まいらせ候」「蛤御門の戦場の跡、真におそろしき物也」と驚愕している（『日記』第一巻、二八八頁）。

この年の四月、幕府は長州再征を決し、五月に将軍徳川家茂が江戸を発ち大坂城に向かっているが、閏五月二五日、花蹊は将軍が七ツ時前に入城したとの情報を得ている。また九月には、長州再征の勅許を幕府は得ることになる。その九月の二三日、花蹊は京への転住を決心し船で向かおうとした矢先、「将軍上京ニ付船止」（『日記』第一巻、三三一頁）となり足止めをくっている。しかたなく、翌二四日に徒歩で京へと向かっていった。二三日には、「異人船ハッテラニテ九人、大川筋来、天満橋辺より跡へ引帰」（『日記』第一巻、三三一頁）したことも眼にしていた。「バッテラ」とは小舟をいう。

慶応二年三月二七日には、姉小路公知の遺児千重丸の元服式が執り行われている。当時、千重丸は八歳であった。宗家三条実美が七卿落ちで未だ長州に逃れているため、一族の正親町三条《おおぎまちさんじょう》が加冠、阿野《あの》が着座、風早《かざはや》が理髪、三条西《さんじょうにし》と沢三位が付添をつとめた。式後は三条西と風早が同道し御所に参内、方々へ挨拶廻りをし、さらに夜の八つ時（午前二時）まで宴が催されている。客には、正親町三条、阿野、高松《たかまつ》親子、武者小路親子、花園《はなぞの》、沢親子、萬里小路が招かれていた。千重丸は、この日から姉小路公義と名乗ることになる。

慶応三年一月二七日には、孝明天皇の葬儀が執り行われ、花蹊は見学している。

薩英戦争や四国艦隊下関砲撃事件などを経て、慶応三年には薩長ともに攘夷の不可能なことを知り、政局は倒幕へと大きく動きつつあったが、花蹊は同年三月二七日、「大坂異人六百人計来、日々往来町々いたし候」という父の話しを聞き、「可憐可歎の次第也」と憤激している（『日記』第一巻、三七〇頁）。八月二〇日には、一五代将軍徳川慶喜が「にき〳〵しく」知恩院を参詣した様子を書きとめている（『日記』第一巻、三九六頁）。

一〇月一四日の大政奉還については、「世間騒々しき風聞計也」（『日記』第一巻、四〇七頁）と素っ気ない。まるで、大政奉還が徳川主導による諸藩の連合政権に他ならないことを見抜いていたかのようである。それに比して、一二月九日の王政復古の大号令が発せられたときの喜びようは一入である。

十二月九日　此日、九条殿へ稽古日に候へとも、昼九ツ時ヨリ大変起り表騒々敷、御所六門閉候様子聞、私、早速姉御殿へかけ付候処、六門ハ不閉候へとも、御門警衛厳重、堺町御門、薩かため、見物の人々如山也。私事、清和御門ヨリ入参殿いたし候処、大変の趣意相分り、長州五卿方々御帰洛被免、是迄の悪役人方々、摂家、伝奏、儀奏参内被止、差しひかへ被仰付、御所御門不入、扨々今に到而正儀相立時節ニ相成、躍上りて大悦〳〵〳〵〳〵候也。此よし、母さまニ申度さ、早々二条へ帰り、母さまへ相告候処、母さま又早々姉御殿へ参上致され候。暫して宅へ帰られ候て、夫ヨリ私と同道にて姉御殿へ参上いたし候。夜、通夜いたし候。表御門、薩大勢警衛いたし候。

十二月十日　御所御門会藩のかため引払候。徳、会、桑、事起し候哉と、夫計心配いたし候。京師の町々大こんさつ、畳衝具迄も倉へ入、或は田舎へ預ケ逃行人々計也。御所五藩のかためかたくして大丈夫に候へとも、徳、会、乱ほう恐れ候也。此夜も通夜いたし候。
十二月十一日　此日、君様、三条様より御帰り遊し候。追々長藩人数相登り候。此日、王天下ニ相成候。伝奏、議奏廃シ、更参与相出来候。万里小路殿、大原殿、橋本、岩井、（空白）五方也。
一乗院里坊ニテかり候参与役所也。
十二月十二日　此日、君様、岩倉へ成らせられ候。此日、私、宅へ帰り候。私方の大ていの本類、長棹、御殿の御蔵へ相詰候。夫ヨリ私参殿いたし候。夜、通夜いたし候。徳、会、桑、大坂へ引払候。
十二月十三日　早朝、石山権之佐様成らせられ候。色々御咄し承り悦無極。此日詩かるた致し二更ニ臥。此夜、石さま御泊り也。此日ヨリ表御門薩かため引払候。六門余尽ク解兵致し、六門ハ是迄通り也。南門、［　］台所門、朔平門、更警衛相置レ候。
十二月十四日　朝、石山様、御所へ御参り遊し候。此日、廻文、町奉行亀山、青山、膳所、市中見廻り加藤遠江守、加藤能登守、小出平戸、亀井隠岐守也。
十二月十五日　もはや京師も静謐ニ相成、私も二条へ帰り候之処、雨中ニテ止。

（『日記』第一巻、四一六～四一八頁）

一二月九日に起こったクーデターの混乱も一五日には治まった。この間、姉小路邸で夜を過ごしていた花蹊も、一六日には不言亭に帰っている。それから二七日には、赦免された三条実美らが京に帰ってくるというので、重敬らが伏見まで迎えにいっている。「誠に〳〵上もなきうれしき事也」と花蹊は『日記』に書きとめている（第一巻、四二〇頁）。生野の変に参加し独自に行動していた沢宣嘉も、翌慶応四（一八六八）年の一月二四日に帰洛している。

ええじゃないかと公家

慶応三年の夏から翌年にかけて、東海道筋から京・大坂を中心とする地域で、伊勢神宮の御札などが降ってきたことを契機にして、多くの人びとを捲き込んだ熱狂的乱舞が流行した。田中彰「開国と倒幕」によれば、人びとは緋縮緬の着物や青や紫の衣服を身につけ、男は女装し、女は男装し、入り乱れ、太鼓や笛・三味線などを打ち鳴らし、手を振り足を上げ、踊り狂った。そして、「ゑいじやないか〳〵、おそゝに紙はれ破れりや又はれ、ゑいじやないか〳〵」「日本国のよなおりはえゝぢやないか、ほうねんおどりはお目出たい、おかげまいりすりやえゝぢやないか、はあ、えゝぢやないかえゝぢやないか」などと囃したてた。そこで、この熱狂的乱舞は「ええじゃないか」と称されている。

ええじゃないかの性格は非常に複雑ではあるが、その評価の多くは民衆の側から行われてきている。為政者側からの評価としては、倒幕派による工作説があるくらいであろうか。田中彰による、「人びとの時代転換への予感と不安と願望が交錯していたときに、空からのお札の降下という宗教的な装いをもった契機が、民衆の鬱屈したエネルギーを倒錯した形で一挙に爆発させた」（「開国と倒幕」、二九三頁）といった評価が一般的なものであろう。

豊饒《ほうねん》御蔭参《おかげまいり》之《の》図《ず》
慶応３（1867）年　歌川芳幾画　三重県総合博物館所蔵

こうした評価がなされているええじゃないかであるが、花蹊の『日記』には、ええじゃないかはいま少しの広がりをもっていたことを教えてくれる記述がみられる。

慶応三年一〇月の「廿日頃より世間諸神々の御札御臨降のうハさなから」、二八日にいたっては「益はけしく相成、京師天地くつかへす程の町々のおとり見事成事也」（第一巻、四〇八頁）と、花蹊を驚嘆させるほどの状況が京師には現出していた。一一月朔日に花蹊は祇園社を参詣し、その後寺町鳩居堂と木屋町平久へ立ち寄っているが、「此道歩みかたきほとの人々おとり」で、東洞院二条上ルの自宅不言亭の「門前表裏ともおとりにて夫は〳〵中々賑々しき」状態は続いていた。躍りは「大てい大かた仏神御臨降」をきっかけにしていた（第一巻、四〇九頁）。

この日まで花蹊が書き付けているええじゃないかの様子は町中での熱狂振りであったが、実はええじゃないかの熱狂は姉小路邸にも及んでいた。一一月六日の条には、「御殿大おとり也。昼夜同断。みな〳〵姿替ておもしろき事也。

園殿へ皆々行候」（第一巻、四一一頁）とある。園の屋敷は姉小路の屋敷の近くにあったが、そこまで躍りながら行ったということであろうか。ええじゃないかの熱狂は、御所内に屋敷を構える公家までも捉えていたのである。「御殿大おとり」は七日、八日、九日と続いた。さらに、「御殿侍」など公家勤めの者たちも町中に繰り出していた。九日の条に、「御殿侍、私方ニテ躍衣裳付、下辺へ行れ候」（第一巻、四一一頁）とある。御札は御所内の公家の屋敷にも降った。一八日、花蹊が「姉御殿へ上り候処、七ツ時太神宮御降臨、又々御祭り、をとりあらせられ」ることもあった（第一巻、四一三頁）。

ええじゃないかは、公家をもとらえていたのである。一体、どのように評価したらよいのであろうか。「鬱屈したエネルギーを倒錯した形」で表出させたとも思えない。王政復古が目前に迫っているところであった。

日々の花蹊

花蹊は動乱の時代を悲しんだり喜んだり憤ったりしながらも、中之島時代からの塾主、学修者、そして画師としての暮らしを、京においても変わらず続けた。

教育の面では、慶応二年に八歳で元服した姉小路公義の教育に力を尽くしている。公義は慶応三年四月から、不言亭へ通い花蹊の教育を受けていた。一方、花蹊が姉小路邸に泊まりがけで出掛け、公義に教育を授ける機会も多かった。とりわけ慶応四（一八六八）年閏四月十二日には、「暫、殿様御しこみ申くれとの事故」、「此日、私、画の道具、手元の物、皆々御殿へ持参いたし」（『日記』第一巻、四四五頁）て、この日から年一杯宿泊し続けて公義の教育に専念し、不言亭には弟子たちの稽古日に帰るくらいであった。公義は席書の機会に、「公家さま方、目驚かす計也」（『日記』第一巻、三七四頁）と花蹊に言わしめるほどの実力を有していたので、その教育もいわゆる手習いの水準ではなく、より高度なものであったことは間違いないだろう。

文久三（一八六三）年、二十五歳の若さで不慮の死を遂げた姉小路公知には、子の公義のほかに妹があり良子《よしこ》といった。公義の叔母にあたり、公知亡きあとも京の姉小路邸に養育されてきた。当時、花蹊は公義とともに、良子の教育にもあたっていたものと思われる。

慶応三年五月七日には、五摂家である九条家に招かれて花蹊は出掛けている。席画をし、九献《くこん》の饗応を受けた花蹊は、その日宿泊までしている。当日、花蹊は九条家より後室の画の師を依頼されたものと思われる。後室とは先代九条幸経《くじょうゆきつね》の未亡人であり、当代九条道孝《くじょうみちたか》の養母であった。名は九条《くじょう》肫子《あつこ》といい、播磨姫路藩一五万石の藩主酒井忠学《さかいただのり》の次女で、通称は銈《いつ》といった。七月二三日の稽古始めからほぼ一〇日に二度ずつ九条邸へ出掛け、画の指南を花蹊が京にいた期間ずっと続けている。

京師時代、花蹊を師と仰いだ者たちを判明する限りであげてみると、町奉行杉山栄《すぎやまさかえ》の娘輝《てる》、対馬藩士青木晟治郎《あおきせいじろう》の息子常三郎《つねさぶろう》、宮原節庵の長女竹野《たけの》、医者の娘谷赫の《たにかくの》（角野）、当時不言亭に身を寄せていた父重敬の弟跡見勝造の長女勝子《かつこ》（玉枝《ぎょくし》）などが知られる。いずれも書画を学ぶために入門しており、中之島時代に営んでいた手習塾的な側面は見受けられない。京での塾は、高度な書画塾といった性格のものであったのではないだろうか。

しかし、花蹊は当時においても学ぶことを怠ってはいない。遊学時代に師事していた宮原節庵からは、引き続き漢籍・書法・詩文を学んでいる。節庵は姉小路公義の師も務めていた。ただ、画の方は、旧師円山応立・中島来章との往来は限られたものになっており、日根対山との交流は子弟というよりはむしろ親しい先輩後輩の関係に変化していたという。

その画業面では、京に移住して早四日目には、越前屋敷からの取次を受けて「全紙梅林山水」の揮毫に取り掛かっているので（『日記』第一巻、三三二頁）、花蹊の画への評判は京にも届いていたのだろう。一二月九日には公家の石山家より依頼されていた「御襖二間四枚、不二、裏波濤雁、壱間二枚襖、三保の松原、此方御玄関御襖、波日ノ出、裏矢竹」と、専徳寺より依頼されていた「壱間四枚襖、四季草花」を完成させている（『日記』第一巻、三三五頁）。『日記』からは、外出などの用事のないときは、ほとんどの時間を書画の制作に費やしていた花蹊の姿が確認される。

学者・芸術家たちとの新たな交流も広がった。花蹊を画の師ともしていた歌人の高畠式部《たかばたけしきぶ》、同じく歌人で蓮月焼でも知られる大田垣蓮月《おおたがきれんげつ》、そのほか中西耕石《なかにしこうせき》、鳩居堂七代熊谷直孝《くまがいなおたか》、前田暢堂《まえだようどう》、神山《こうやま》鳳陽《ほうよう》、江馬天江《えまてんこう》（聖欽《せいきん》）などの人びとを、花蹊は「京師諸先生」と呼んで交流していた。

公家たちとの交流も新たに広がったものである。画の師として九条家との関係ができていたが、姉小路家を通じては特に石山家や沢家、萬里小路家と交流を深めた。前二家の当主石山基文《いしやまもとふみ》と沢宣嘉はともに姉小路家の出であり、公知の叔父にあたった。また、萬里小路家とは、博房の子として公義が入籍した縁によるだろう。石山・沢・萬里小路の三家と跡見家との間には、東京時代になってとりわけ深い関係が形成されているが、その馴れ初めはこの時代にあったのである。

第三節　新都東京へ

御一新と母幾野の死

慶応四（一八六八）年一月、一五代将軍徳川慶喜を擁する旧幕府側は、大坂城から京に進撃したが、鳥羽・伏見の戦いで新政府軍に敗れ、慶喜は江戸へ逃れた。新政府は二月に徳川慶喜の征討令を発し、東征大総督有栖川宮熾仁親王《ありすがわのみやたるひとしんのう》を中心とする新政府軍―官軍が江戸に向けて進軍した。江戸城は、幕府の代表者勝海舟と東征軍参謀西郷隆盛《さいごうたかもり》が交渉し無血開城され、四月に新政府軍が入城した。また、東征軍は奥羽越列藩同盟を結成した東北諸藩の抵抗を打ち破り、八月にはその中心的存在であった会津藩を降伏させた。翌年四月には、箱館の五稜郭に立て籠もっていた旧幕府の海軍副総裁榎本武揚《えのもとたけあき》や大鳥《おお》圭介《とりけいすけ》、土方歳三《ひじかたとしぞう》らの軍も降伏し、国内は新政府によってほぼ統一された。一年半ちかくにおよんだ戊辰戦争も、ここに終結した。

戊辰戦争が進むなかで、新政府は政治の刷新を進めた。まず慶応四年一月には、諸外国に対して王政復古と天皇の外交主権の掌握を告げ、次いで三月には「五箇条の誓文」を公布、「五榜の掲示」を掲げた。五箇条の誓文は、公議世論の尊重と開国和親など新政府の国策の基本を示し、天皇が公卿・諸侯以下の文武百官を率いて天地神明に誓約する形をとって発表された。そして、閏四月には「政体書」を制定して政府の組織を整えた。

また、新政府は関東の制圧とともに、慶応四年七月一七日に江戸を東京と改称、奠都《てんと》を決定し、八月二七日には今上帝が即位の礼をあげた。九月八日に年号を明治と改元して一世一元の制を採用、九月二〇日に今上帝が東京へ行幸した。一二月にいったん京に帰った天皇は翌明治二（一八六九）年再び東幸し、政府諸機関も東京に移った。そして、同年の版籍奉還、明治四（一八七一）年の廃藩置県を経て、次第に天皇を中心とする中央集権国家が樹立されていくことになる。

跡見花蹊は鳥羽・伏見の戦いの砲声を不言亭で聞き、将軍徳川慶喜が大坂城を脱出した一月六日の『日記』には、「此日、よき風脱《（説）》計ニテ大悦」（『日記』第一巻、四二四頁）と記している。二月一五日には、「有栖川宮様大将ニテ東へ成らせられ候」ことを記し、勝子の父跡見勝造の仕える穂波経度《ほなみつねのり》の関東出立に際して、涙の別れをしていた（第一巻、四三〇頁）。一方で、二月三〇日のイギリス公使パークスの参内に当たっては、「日本のをとろへたる事なけかぬ者なく候也」（第一巻、四三三頁）と慨嘆していた。

八月二七日の今上帝の即位式には、姉小路公義が参賀していた。九月二〇日の天皇東幸のときも、公義は参内している。

明治二年三月、天皇は再幸したが、『日記』にそのときの記述はない。実は、跡見家は花蹊の母幾野の病気でおおわらわだった。『日記』も途切れ途切れになっている。三月一三日、「母さま御病気、村松慶庵に相見てもらい候処、死病五月中頃迄」（第一巻、四七八頁）と宣告された。六月七日にいたり、「朝、病人よほとよろしく、大ゐに悦居られ候へとも、八ツ時頃より少々あしく、段々と変来り、皆々呼に遣し、家内親子兄弟不残打寄、みな〳〵暇乞して、称名声と共に往生致され、実に〳〵結講（構）ニは候へとも、残り多く涙落如雨。此時、雨如車軸、此時、暮六ツ（午後六時）後也」（第一巻、四八八頁）。享年五十五歳だった。

花蹊はその後も、『日記』をほとんど記していない。悲しみの淵にあったのだろう。『日記』の再開は、八月朔日に入ってからであった。

世相を映した記述のなかで興味深いのは、九月二四日のものである。

此夜、西陣十八町一番組より五番組迄、御所外グルワ御千度いたし候。中后様、東京成らせられ候ニ付、町人共、御東后（行）止ルニ付祈候也

（『日記』第一巻、四九七頁）

「中后様」とは、今上帝の皇后である。今上帝は明治元年九月に東幸し、一二月にいったん京に帰ってきたとき、同月の二八日、女御の一条美子《いちじょうはるこ》が入内して皇后に冊立された。のちの昭憲皇太后《しょうけんこうたいごう》である。すでに天皇は明治二年三月に東京へ向けて再幸していたが、皇后はなお御所にとどまっていたのである。その皇后美子も同年一〇月五日には、東京へと向かった。その日、花蹊は一行を見送っていた。主のいなくなった御所の堺町門に、次の落首が張り出されたと、花蹊は一二月一四日の『日記』に書きとめている。

かし屋札
かり主　五大州
長州　薩州　　引請人

（『日記』第一巻、五〇七～五〇八頁）

姉小路公義、跡見重敬の東京行きと花蹊の旅路

東京奠都が決定し、天皇が東幸、政府諸機関も東京へ移るに伴い、京の公家の多くも同地へと移住していくことになる。そうしたなか、明治三（一八七〇）年七月一二日、姉小路公義も東京へ召されることになった。旅立ちは九月一一日で、公義のほか御供は民部（愛四郎）、奥田、下部の主従四人であった。跡見重敬は、主従四人とは分かれて同じ日に京を出発している。

一〇月一四日、東京の父重敬から、花蹊に早々に東行するようにとの書状が届いている。花蹊は姉小路公義が東京へ召されることになった時点で、同地へ移住することを決心していたもようで、七月二一日には不言亭を引き払い姉小路邸へ引っ越している。そして、姉小路公義、跡見重敬の東京行きから遅れること二か月余の一一月一七日、花蹊は東京へ向けて旅立った。

朝七ツ時起、七ツ半時出門シテ東行出立。三条ケアケ（蹴上）井筒屋迄、山本、山中、日原、上芝、北辻、新助、寅吉、捨吉、梅作送り候也。暫して夜明ル。此時、沢様、浅野さま待合ス。夫ヨリ同道ニて行。蹴上ヨリ小雨、終日雨。実に／＼うき旅と相知られ候。御昼、草津不二屋、八ツ時過

也。泊り石部、暮六ツ時なり。大雨中也。

（『日記』第一巻、五四五～五四六頁）

朝四時に起床した花蹊は、五時には姉小路邸を出た。三条蹴上の井筒屋まで、山本氏を始めとする九人の者の見送りをうけた。そして、この井筒屋で沢氏、浅野氏と待ち合わせ、以降は三人連れで、それに供の者と東海道を徒歩で東京へ向かうことになる。一七日は終日雨で、意に沿わない「うき旅」であったが、雨にもたたられることになる。お昼は草津、泊まりは石部で午後六時に宿へ入った。

一一月一八日以降の旅程を記しておこう。

一八日　石部―昼・土山駅―泊・関本陣伊藤家
一九日　関―昼・追分―泊・桑名駅
二〇日　桑名―（船）―宮―泊・鳴海銭屋
二一日　鳴海―昼・岡崎―泊・赤坂輪違屋
二二日　赤坂―昼・白須賀―新井本陣―（船）―泊・舞坂
二三日　舞坂―昼・見附―泊・掛川本陣加賀屋又兵衛
二四日　掛川―昼・島田中島屋―泊・岡部本陣亀甲屋
二五日　岡部―昼・府中町小吉田―泊・神原（蒲原）
二六日　神原―昼・柏原―泊・三島宿銭屋伊三郎

二七日　三島—昼・箱根へ掛かる山中—泊・小田原宿
二八日　小田原—昼・平塚—泊・程ケ谷
二九日　程ケ谷—昼・品川—築地沢邸
（『日記』第一巻、五四六～五四八頁）

花蹊一行の旅は、一二泊一三日に及んだ。品川には父重敬が迎えに来ており、午後三時には築地の沢邸へと入った。沢邸には、姉小路公義、跡見重敬が寄寓しており、花蹊もしばらく世話になることになった。

この旅の間、花蹊は風景や神社仏閣、名勝旧跡などを楽しんでいたが、そうした一日の様子を一一月二六日の『日記』から紹介しておこう（第一巻、五四八頁）。

この日は晴天に恵まれ、「終日不二妙々也」と花蹊は感嘆している。

花蹊が初めて富士山を眼にしたのは、二六日の四日前、二二日の白須賀を間近にしての「二夕川備後坂上」でのことであった。思わず、

かねてより　心の眼には　ありながら　生きたる富士を　今こゝに見つ
（高橋勝介『跡見花蹊女史伝』、一五八頁）

と詠んだ花蹊であった。

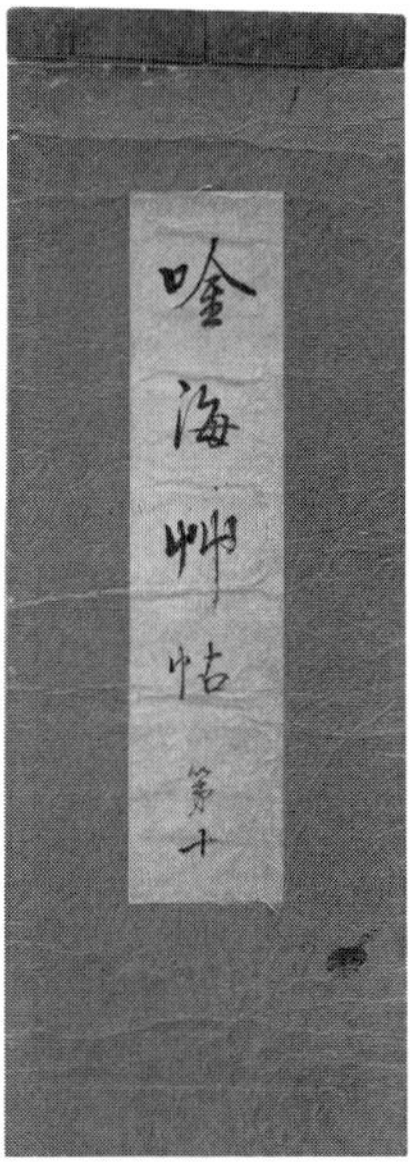

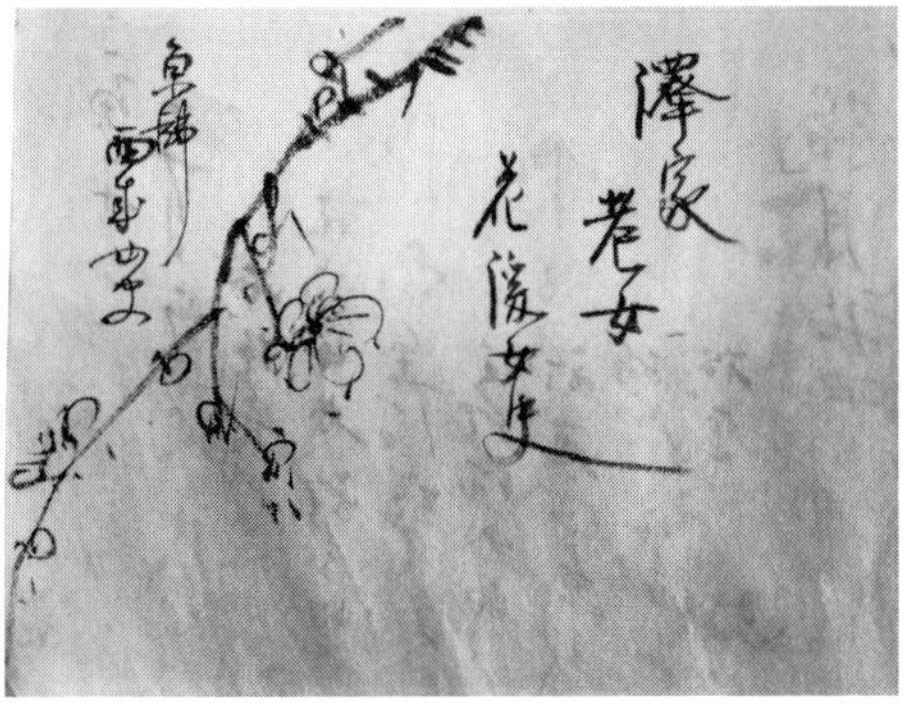

『唫海艸帖　第十』と花蹊の筆の蹟（植松靖博氏所蔵）
筆者撮影

二六日、蒲原の宿を夜明け前に出発した一行が日坂峠を越えたころ空が白みはじめ、一片の雲もかかっていない富士山の絶景を楽しみながらの一日となった。岩淵の本陣で一休みして、富士川を船で越えている。元市場で一休みしてから、元吉原の毘沙門堂でも一休みしているが、そこで花蹊は「不二山写」している。昼食は柏原で取り、「原駅唫笑亭植木屋へ寄、一休」して、三島宿の銭屋に投宿した。

ところで、花蹊一行が一休みした東海道原宿（現静岡県沼津市）の「唫笑亭」とは帯笑園のことで、原の素封家植松家の庭園である。戦国時代の末頃に作庭されたと伝えられるが、植松家六代蘭渓《らんけい》（一七二九～一八〇九年）の代にほぼ庭園の全体の姿ができあがり、その後も代々の当主が花卉名木の収集や園内の整備につとめたという。江戸時代の後期から明治期には街道一の名園と讃えられ、東海道を往来する公家・大名・文人をはじめとする多くの旅人が訪れ、植松家で収集した書画とともに鑑賞された。文政九（一八二六）年、江戸参府の際に訪れたオランダ商館付きの医師で博物学者でもあるシーボルトが、その紀行文『江戸参府紀行』のなかで「日本風につくられたこの庭園は、私がこれまでにこの国で見たもののうちでいちばん美しく、観賞植物も非常に豊富である」（一八〇頁）と絶賛したことでも知られている。

植松家には『唫海艸帖《きんかいそうちょう》』と題される訪問者自らが記帳した芳名録が伝わっており、そこには一四代将軍徳川家茂や伊藤博文《いとうひろぶみ》、大正天皇などの名が認められるというが、『唫海艸帖　第十』には跡見花蹊の筆の蹟も遺されている。旅の連れであった「澤家老女　花渓女史」とともに、花蹊も「京師西成女史」と記帳し、花をつけた一枝の画を添えているのである。

「西成」は花蹊が名乗った雅号の一つである。命名者は、京師遊学中に漢籍などを学んだ宮原節庵とされるが、これも伝聞の域をこえない。

なお、花蹊が園の名称を「帯笑」ではなく「唫笑」としたのは、発音を漢字に写した際の転化によるものか。

花蹊は『日記』の記述からうかがえるように、大変な筆まめで多作であった。花蹊の筆の蹟との出会いは、植松家がそうであったように、まだまだ思わぬところにあるのではないだろうか。

はじまりの東京時代

明治三年、花蹊は東京の人となった。三十一歳の時である。これ以降、大正一五（一九二六）年に八十七歳で亡くなるまで東京で暮らすことになる。

当面の落ち着き先は、姉小路家、跡見家ともに築地の沢宣嘉邸であった。跡見重敬は明治四年の早々から然るべき家屋を探していたが、そうしたやさき明治五（一八七二）年二月二六日の「和田倉焼」によって沢邸は焼け落ち、三家ともに焼け出され石山家に一時的に寄寓している。家探しはいっそう急を要することとなったが、幸い三崎町一丁目一番（現千代田区三崎町一丁目一番地）に気に入った家が見つかり、四月七日から八日にかけて姉小路、跡見両家は引っ越した。

京師時代、花蹊が熱心に教育した姉小路公義は、十三歳になった明治四年四月二三日に小学校に入った。六月一八日の『日記』に、「此日、殿様学校ニて、中学校ヨリ講義吟味の人来り候て、講訳(釈)被遊、甲御取ニ相成、即、扇子三本御褒美也」（第一巻、五七九頁）と、花蹊は誇らしげに記している。しかし、この学校は一一月二五日には廃校となっている。翌明治五年一月一一日、公義は宮中に召されて内豎《ないじゅ》に任ぜられる。一方、勉学の方は、一月二二日に海保竹逕《かいほちくけい》の門に入った。

そうした東京生活のなか、明治五年五月一四日には、かねて内意のあった洋行留学の儀が決している。九月一一日、屋敷を出た姉小路公義は、一四日に横浜港からドイツに向けて出帆した。公義の海外留学は十年以上もの長期間にわたっており、明治一八（一八八五）年には外務書記生としてドイツ公使館在勤を命じられている。明治二一（一八八八）年に帰国するが、再び公使館書記官としてベルリン、イタリア、アメリカなどに在勤した。公義は海外生活で修得した語学力を活かし、公家華族では数少ない外交官として活躍したのである。

前述のように、姉小路公知には妹があり良子といった。公知亡きあとも京の姉小路邸に養育されてきたのであるが、その良子も姉小路の京屋敷を引き払い、明治五年六月一八日東京に移ってきた。良子は翌明治六（一八七三）年一月一三日に東京女学校（通称竹橋女学校）へ入学している。のち、後述の教導職大講義を経て、宮内省皇后職に入り権掌侍を拝命、女官藤袴として明治天皇、昭憲皇太后に近侍した。

その良子について、同じく女官として宮中に奉仕した山川《やまかわ》（旧姓久世《くぜ》）三千子《みちこ》が、晩年に次のような思い出を語っている。

女官は高等官何等という普通の官吏なみに扱われていましたが、権典侍だけは本棒の他にお内儀扱いのお納戸から、お化粧料を戴いて特別の存在でございました。

名は同じ権典侍となっておりましたが、姉小路権典侍（藤袴）だけは、仕事が別で、いわば女官副長とでもいいますか、高倉典侍のさしつかえる時には、事務的の仕事いっさいをやり、行啓のお陪乗や、公式の拝謁等すべてみな、承っておられました。

この人はむかし跡見女学校の舎監などもやったなかなかのしっかり者で、また物知りでもございましたから、忘れた字など、本を出しているより早いと思って、よく聞きにいったものです。

「私を字引とまちがえては困りますよ」
などと言いながらも、すぐ教えてくださいました。

（山川三千子『女官——明治宮中出仕の記』、二一六頁）

文中にあるように、非常に「しっかり者」であった良子の様子が偲ばれる回想ではないだろうか。

さて、東京での花蹊は、まず画師として受け入れられたようである。大坂三郷中之島、京師時代同様に、東京でも花蹊は特段の用事のないかぎり、日々画の揮毫にいそしんでいる。

東京に着いた明治三年一一月二九日の六日後の一二月五日には、早速「短冊、絹本横物花卉揮毫」（『日記』第一巻、五四九頁）、六日にも「半切二枚、墨梅春山曲塢揮毫」（『日記』第一巻、五四九頁）している。また、年の明けた明治四年二月一日には、両国の中村楼で開催された島田竜斎《しまだりゅうさい》主宰の書画会に招かれ作品を出展、席上揮毫したのをはじめてとして、しばしばさまざまな書画会に乞われて参加していた。花蹊の作品は、一般の美術品市場に受容されていたのであろう。そうした活動のなかで、

姉小路良子
跡見学園女子大学花蹊記念資料館所蔵

新たな画師や学者との交際範囲も広がり、奥原晴湖《おくはらせいこ》や野口少蘋《のぐちしょうひん》、菊池容齋《きくちようさい》、松本楓湖《まつもとふうこ》、瀧和亭《たきかてい》などと交流した。

京師時代以来の公家たちは、引き続き東京でも花蹊の画を求めた。早くも、花蹊が東京へ入った直後の明治三年一二月二日には、姉小路公知の盟友三条実美邸を訪問した折、襖への揮毫を求められ、「四季花卉」の図に取り掛かっている（『日記』第一巻、四九頁）。同月一四日には石山家より声がかかり、泊まりがけで襖に「梅花図」を揮毫（『日記』第一巻、五五〇頁）、二五日には寄寓先の沢家の屛風一双に「薄彩色松竹梅」を揮毫しており（『日記』第一巻、五五二頁）、公家たちはさも花蹊の到着を待ち焦がれていたかのようである。

花蹊は、明治四年一月一五日の『日記』に、「朝帝ヨリ御用ニテ、絹本竪物四季花卉四枚、絹本十二枚横物花鳥、又絹本十二枚横物花草物、御頼みに相来」（『日記』第一巻、五五七頁）とあるように、御所からの依頼も受けて揮毫していたが、それとは別に御前揮毫の機会もたびたび得ていた。画師としての実力に合わせ、当時宮内卿や宮内大輔の地位にあった萬里小路博房の働きかけもあったのだろう。

詳細は第三章に譲るが、明治五年一一月八日には御所へ上り皇后の前で（『日記』第一巻、六三九〜六四〇頁）、翌明治六年二月一二日には赤坂の大宮御所に召され皇太后の前で（『日記』第一巻、六五三頁）、同年一〇月二五日には浜離宮に召され再び皇后の前で揮毫していた（『日記』第一巻、六九二頁）。また、明治八（一八七五）年六月一七日には、三条実美邸に皇后が行啓したとき、三条家のはからいで花蹊が招かれ「御前ニテ席書画」をしている（『日記』第一巻、七七七頁）。

ほかにも、ロシアの皇子が来日した折の明治五年一〇月一九日、外務省からの依頼で、延遼館（浜離宮）で席画をしたこともあった（『日記』第一巻、六三六頁）。

花蹊はこの間、明治五年三月に新設された教部省より、教導職の権訓導に補せられている。花蹊が良姫と敬う姉小路良子も、東行早々、上級の教導職である大講義に就任していた。この詳細も第三章に譲るが、教部省は神祇省の廃止後に新設された官庁で、神仏合同のもとで「大教宣布」運動を展開した。大教宣布とは、天皇崇拝を中心とした国民教化策で、「敬神愛国、天理人道、皇上奉戴朝旨遵守」の「三条の教則」に基づいて展開された。そこで国民の教化にあたったのが教導職であり、教化の拠点として東京に大教院、各府県に中教院、各地に小教院が設けられた。花蹊が尽力したのは、女子の教導職の養成機関である女教院の設立であり、その活動の様子は『日記』に詳しい。

しかし、この国民教化運動はさまざまな矛盾を抱えていた。当初、教化運動は神仏合同で推進するはずであったが、実情は神道の完全な主導のもとにあった。また、内外における信教の自由論の高まりなどもあって、教化運動の中心機関であった大教院そのものが明治八（一八七五）年五月には廃止されている。花蹊もまた、大教院の廃止前の一月三一日付で、権訓導の辞表を提出している。そして、以後一一月にかけて、「跡見学校」創設に向けての多忙な日々を過ごしていくことになる。

花蹊は、大教宣布運動の限界を見抜いていたのではないだろうか。ただ、この活動を通じて親しく交わった女教のなかに、花蹊同様、近代女子教育の先駆者となった者がいたことが知られる。運動に

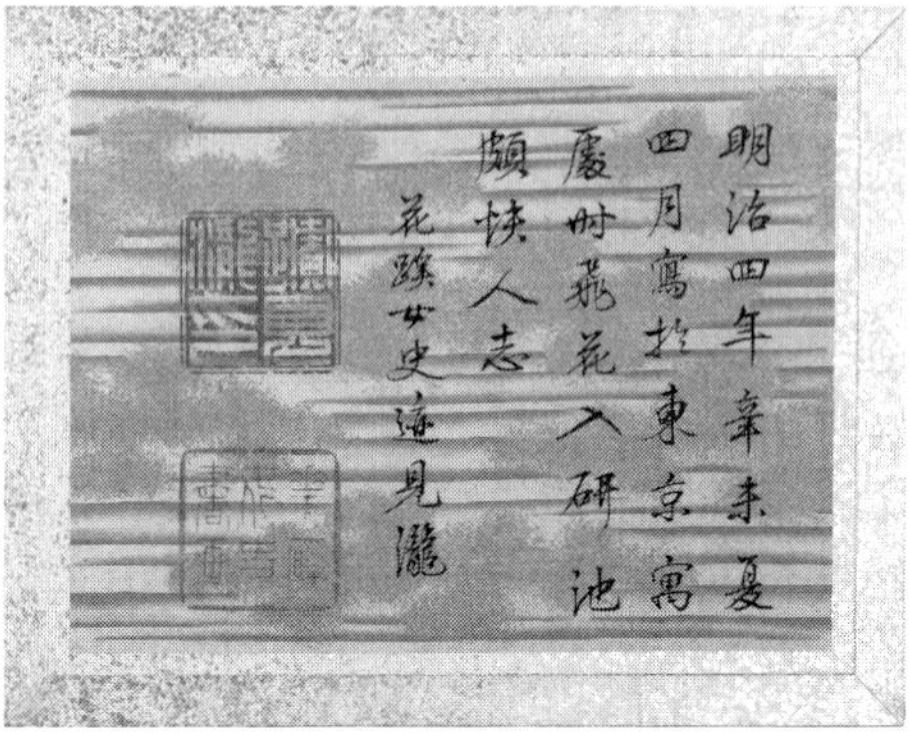

明治四年辛未夏
四月寫於東京寓
處時飛花入研池
頗快人志
花蹊女史迹見瀧（姓名印）□（雅号印）□

『故畫　清花蹊女史冊頁』の中の「自識」
故宮博物院所蔵

は限界を感じ取った花蹊であったが、交友関係からは大きなものを得ていたことは確かであろう。

花蹊の画業

東京での生活が始まった頃の花蹊の画業で特筆すべきは、御前揮毫に加え、外務省からの依頼で制作した外国向けの作品だろう。

明治四年三月八日の『日記』に、「私、外務省よりノ画帖ニかゝル」（第一巻、五六五頁）という記述が見える。いつの時点かは明確にしえないが、花蹊は外務省から画帖を依頼され、この日から取り掛かっていた。ほかにも、この件にかかわると思われる記述が、『日記』中に三か所認められる。

三月二十七日　外務省へ画帖十五葉差出ス。
四月十七日　此日、支那国行輻（幅）表具出来、乾堂携来。
遊印押。

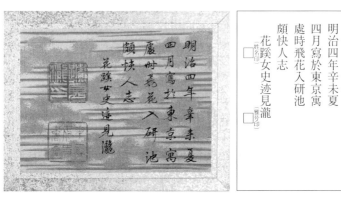

『故畫　清花蹊女史冊頁』の中の「山雀」（向かって右）と「花卉翎毛」（左）
故宮博物院所蔵

四月十九日　支那国行画帖落款。外務省より右挨拶来。
（『日記』第一巻、五六八～五七〇頁）

外務省から依頼された画帖は清国向けのもので、全部で一五葉、表具が成され遊印、落款が副えられた。

この作品は現在、台湾は台北の故宮博物院に所蔵されている。表具には「家在神京鴨河西」と刻された遊印が押され、「自識」には上図（一〇二頁）のように記されている。

画は、「山雀」「花卉翎毛」「桃花黄鸝」「月季翎毛」「楓木翠鳥」「鸐鳥」「絲瓜麻雀」「秋葵山雀」「紅蓼鵪鶉」「蘆葦夜鷺」「天竺檀鳥」「臘梅山雀」の一二葉で、これに「自識」と表紙・裏表紙を合わせると一五葉になる。まさに、『日記』の記述に合致する。

故宮博物院の所蔵品目録には、『故畫《こが》　清花蹊女史冊頁《しんかけいじょしさつけつ》』として登載され、画一二葉には右の題が付されている。『故畫』とは、皇帝への献上品として北京の故宮に所蔵されていたものをいう。当時の清国皇帝は、第一〇代同治帝《どうちてい》である。

明治四年、日本と清国との間には、日清修好条規が結ばれている。日中両国の間には非常に長い交流の歴史があるが、それは条約によるものではなかった。両国の初めての条約は明治四年の七月二九日に締結されているが、調印に臨んだ欽差全権大臣は大蔵卿伊達《だて》宗城《むねなり》であった。その宗城が日本を出発したのは五月一七日である。当時、外務卿に就任していたのは、跡見家が親しく交わっていた沢宣嘉であり、宣嘉は花蹊の画力を高く評価していた。このような点などを勘案すると、伊達宗城が調印のために清国へ向かった際に、日本国から皇帝への献上品の一つに花蹊の画帖が含まれていた可能性が大である。

皇帝のもとにあった美術品などは、清朝の崩壊後、北京の故宮博物院に所蔵された。それらの所蔵品のうち重要文物は、その後、戦火や進駐してきた日本軍の略奪などから守るために疎開されることになるが、第二次大戦後も国共内戦の激化に伴って、中華民国政府により第一級所蔵品が台湾に運び出された。そして、そのなかに花蹊の作品も含まれていたのである。まことに数奇な運命をたどり、現在、台北の故宮博物院に所蔵されるにいたったと言えるだろう。

花蹊は、明治六年にも、外務省より外国向けの作品の依頼を受けている。当時の外務卿は副島種臣《そえじまたねおみ》であった。『日記』には、一月二一日「外務省ヨリ画帖頼ニ来ル」（第一巻、六五一頁）とあり、二月一六日には「終日画。ヲウストリヤ博覧会ノ画帖、絹本四枚認ル」と記している（第一巻、六五四頁）。

明治六年は、オーストリア＝ハンガリー帝国の首都ウィーンで万国博覧会が開かれた年である。日本が本格的に参加した初の万国博覧会でもあった。御雇外国人ワグネルの指導に基づき、全国から収集した陶磁器や美術工芸品を中心に、ヨーロッパ人のエキゾティシズムを刺激する展示をして人気を呼んだ。このウィーン万国博覧会での展示が、十九世紀末の西欧でのジャポニスム流行の要因ともなった。

その会場に花蹊の作品も出展されたのである。九月に入って外務省から受け取った画料六〇円の明細から、出展作品の概要が知られる。それによれば、「草花山水画二十弐枚」「草花画八枚」（『日記』第一巻、六八五〜六八六頁）であった。これらの作品のゆくえについては、現在不明である。

ところで、明治七（一八七四）年三月に、伊豆半島の入間沖で一艘の外国船が遭難した。その船は、フランス国マルセーユの郵船会社所有の船でニール号といった。船長サマトほか四八名が乗り組むニール号は、マルセーユ出港後、香港経由で横浜に向かっていたが、目的地を目の前にしての遭難であった。実は、この船には日本国からウィーン万国博覧会に出展された陶磁器・美術工芸品や、欧州で買い求められた品々が積み込まれていた。九州天草の潜水夫などによる積荷の引き揚げ作業によって陶磁器類の一部は回収されたが、大半は海の藻屑と消えている。その中に、花蹊の作品が含まれていなかっただろうか。『日記』は、そのことに触れることがない。

なお、跡見女学校に学んだ藤井瑞枝の記憶によれば、明治一六（一八八三）年、アメリカのフィラデルフィアで開催された教育博覧会に文部省からの依頼で、拙いながら自分ら女学校生徒の絵画作品を出展したという（『花の下みち』、二八頁）。花蹊もそのことに触れ、当時、文部省が好ましく思っていなかった女学校での裁縫や絵画の教授を、このときから認めるようになったことを愉快そうに語っている（中野一夫編『跡見花蹊教育詞藻』、四五頁）。

明治二六（一八九三）年、同じくアメリカのシカゴで万国博覧会が開催されている。ウィーンに続いてこのシカゴにも、花蹊の作品が出展されていた。『日記』の明治二五（一八九二）年一二月一六日の条に、「此日、米国チ《（シ）》カゴ博覧会出品金地十二枚折腰屏風極彩色四季草花之図、農商務省日本婦人会へ差出ス」（第二巻、一五〇頁）とある。シカゴの万国博覧会では日本の出展物は多くの賞を得ており、花蹊の作品も「受賞目録」に掲載されていることから、受賞作品に選定されていた。しかし、この作品も現在ゆくえは不明である。アメリカの地で、誰かの眼を楽しませているのであろうか。

東京の跡見塾と花蹊の人となり

花蹊は大坂三郷中之島、京師時代同様に、東京でも塾を営んだ。初めて踏む地であったにもかかわらず、『日記』の記述からは入門者が跡を絶たなかった様子がうかがえる。「跡見花蹊略歴」では、明治七年時点の入門者を「八十余名」としている。

嶋田英誠「跡見花蹊の前半生」は、『日記』から入門者の名前を拾い詳細に検討しているので紹介しておこう。嶋田によれば、明治初期の塾への入門者は七六名余を数える。門下生の多くは自宅からの通いで学んでいたが、寄宿して学ぶ者も一七名おり、他方で在宅で花蹊の出稽古を受ける者もいた。塾では花蹊のほか、渡辺重石丸《わたなべいかりまる》や蒲生重章《がもうしげあき》が漢学・国学・書画を教授した。門下生の多くは女性であったが、男性も二〇名いた。年齢は、八十歳を超える高齢者から数歳の女児までと幅広いが、多くは今日ならば小学生から中学生程度にあたる子どもたちであった。出身は、旧身分で公家二二名、地下官人二名、大名五名、幕臣・藩士などの武家九名、僧籍の者二名、そして三六名余の町人・百姓出身者がいた。花蹊は御所へと出向き、典侍・内侍らへの教授も行っていた。

東京暮らし早々、姉小路邸で営んだ花蹊の塾には、御前揮毫や女官への教授などその名声に信頼し、また京師時代に培った公家社会との親交や、父重敬をはじめとする一家が勤王家であったことなどもあずかってであろう、華族や名家の子女が多く学んでいた。しかし、その一方で富裕層であったとは思われるが、ともに多くの一般家庭の子女も学んでいたことが知られる。

花蹊は、中之島、京師時代を通じて、教授面で相手の身分や地位などを問うことはなかった。父重敬が営んだ木津村の家塾もそうであったのだろう。自由な塾風は、「跡見学校」創立直前の東京でも変わることはなかった。後年のことではあるが、大隈重信《おおくましげのぶ》が花蹊の下で学んだ子女の振る舞いに、「如何にも優美に快活に、且つ平民的なる有様を見て感に堪えなかった」と述べていたことも思い起こされる（『花の下みち』、五二頁）。

これも後年のことに属すが、教え子たちの次のような花蹊評にも耳を傾けてみたい。三宅花圃《みやけかほ》（三《み》宅雪嶺《やけせつれい》夫人）は、「先生は慥に何んとも言ふに言はれぬ人を包容する力の大きな処」があったと振り返り（高橋勝介『跡見花蹊女史伝』、一一九頁）、また志賀鉄千代（志賀重昂《しがしげたか》夫人）は、「恰度《ちょうど》春風がそよ〳〵と吹く様な、何んともいへぬ懐かしみのある温かい感じのする御方」であったと回想する（同前掲、一二二頁）。

雅号「花蹊」の謂れは、「桃李《とうり》言《ものい》わざれども、下自《おの》ずから蹊《こみち》を成す」にある。司馬遷が李将軍の喩えとして引いたこの詩句は、文字通り跡見花蹊その人の喩えとしても最も相応しいものであったといえるのではないだろうか。

第三章　教育者花蹊

第一節　「跡見学校」開校

私塾から学校設立へ

明治三（一八七〇）年一一月、東京に移った花蹊が身を寄せる三崎町（現千代田区三崎町・姉小路邸内）に開いた塾は、生徒の年齢も性別も一定ではない自由な私塾であった。こうした私塾から、明治五（一八七二）年八月の学制頒布を経て、花蹊は制度のなかの学校設立へと向かっていく。

花蹊は、私塾経営の一方で、上京後もたゆまず画や屛風の揮毫に励み、大坂・京都時代から続く公家たちとの縁のうえに、画家としての活躍も幅を広げていった。それは、学校を設立するうえでの基盤でもある。

あらためて顧みれば、父の仕えていた姉小路家をはじめ公家たちとの交流は、花蹊を生涯にわたり支え続けている。花蹊二十四歳の時の姉小路公知襲撃事件は、姉小路家にとっても、また当家を主家とする重敬はじめ花蹊の一族にも大きな影響を及ぼし、若き花蹊にも衝撃的な記憶として刻まれている。大坂の花蹊がふたたび京へのぼったのも、幕末の不安な情勢のなかで女性が独り身でいることを案じた蓮観院（姉小路聡子）からの手紙によるものであり、そこで姉小路家との交流も密になる。花蹊が公知の遺族たちへの教育にかかわったことは、同時に花蹊自身の教養を広げ深めることにもなった。公知の遺児千重丸は慶応二（一八六六）年三月二七日に元服して公義となり、花蹊はその教育に努めた。『日記』によれば、この時期、花蹊は頻繁に姉小路邸に参殿し、公義の稽古にあたっており、ときにそのまま姉小路邸に泊まることもあったらしい。また、姉小路公知の妹良子には漢籍や書画を教え、良子との交流は花蹊にとって公家の文化にじかにふれ得る貴重な体験でもあった。その良子は明治五年に上京後、明治一〇（一八七七）年一〇月宮内省皇后職に入り、明治一一（一八七八）年に権掌侍となり、女官藤袴として昭憲皇太后に仕えている。また、花蹊が教育に努めた公義は、のちに萬里小路博房の男として入籍されており、花蹊と萬里小路家との縁も深められることになった。また、姉小路家との縁から、さらに公家社会との交流も広がり、摂家の一つである九条家に画の教授に赴いてもいる。京・大坂時代の縁から、また、上京後の花蹊はさまざまな揮毫の機会を得ていた。たとえば、明治四（一八七一）年二月一日には両国中村楼での島田竜斎主催の書画会に趣き、求められて席上揮毫をしている。こうした書画会への参加は、画家としての花蹊の存在を広く知らしめ、同時にその場に集う人びととの交流を深めるよい機会となり、やがて皇族に召されて揮毫する機会にも恵まれた。

上京後の花蹊の活動を女子教育という観点からながめるとき、とりわけ、皇后との出会いと女教院設立のための活動は、教育者として踏みだす花蹊のあゆみを促す重要なできごととして注目される。

皇后と画家花蹊

皇后、すなわちのちの昭憲皇太后と出会い、交流を重ねたことは、花蹊にとって格別な栄誉であった（植田恭代「跡見花蹊筆和歌扇面と昭憲皇太后」『にいくら』No.21）。皇后は、早くから花蹊に一目置いていたようであり、花蹊も昭憲皇太后を敬愛していた。また姉小路良子は、のちに皇后職に就いてもいる。

花蹊は明治五年一一月に朝廷に召されて揮毫をしており、その様子が『日記』に詳しく記されている。記述をたどると、六日に萬里小路家から使者があり、この八日に花蹊が朝廷より召されたので書画の筆を持参するようにとの連絡を受け、ありがたく拝受したとある。八日当日は、午後二時頃より吹上の庭に行き、評判に聞くよりもすばらしく実にありがたいことこのうえないと記される。所々に御茶屋があるなかにも滝見の御茶屋がことさらたぐいなき美景であり、鉄の釣り橋を渡り、内侍所を拝して梅見の御茶屋へ参ると、そこに皇后が現れ、皇后のおそばで書画数枚を揮毫したとある。皇后はいろいろ難しいお好みもおありだが、花蹊は、まずすみやかにできたという。その後、お料理を頂戴し、退出の折には、皇后から唐鏡をはじめ、すばらしい褒美を下賜されている。この日、花蹊は夜一一時に帰宅し、親をはじめ皆へ今日の様子を詳しく話したところ、皆大変ありがたがって涙を流したという。花蹊は「実に冥加至極、家のめん目《（面）》不過之候」（『日記』第一巻、六四〇頁）と記しており、この御前揮毫は、花蹊自身はもちろんのこと、一家にとって大変に光栄なできごとであったと、喜びのなかにこの日の『日記』が結ばれている。

その後も、何度か揮毫のお召しがあり、翌年二月一〇日には、この一二日に大宮御所へ一二時に昇殿するよう伝達があった。当日一一時頃に花蹊は人力車で赤坂の大宮御所に昇殿し、お昼御飯をいただいたあと、英照皇太后の前で、花蹊一人で書画数十枚を席上揮毫している。このときも「結構〳〵成御品こ、御目録等拝領ス」とあり、見事な品々を賜り、その後、又すばらしい御料理をいただき、「冥加至極不過之候」（『日記』第一巻、六五三頁）と至上の喜びであると記している。同年の一〇月二五日には、浜離宮に皇后の行啓があり、花蹊と間宮八十子《まみややそこ》、肥後の米田花子の三人が召され、中島の御茶屋で拝謁、休息所でお昼御飯をいただいた後お庭を拝見し、花蹊は皇后のおそばに召され、書画をたくさん御覧に入れている。その夜帰宅し、拝領した御料理で「御内一統御祝酒いたし候」（『日記』第一巻、六九二頁）とこの日の記述は結ばれている（嶋田英誠「跡見花蹊の前半生」『五十年史』、二六頁）。

皇后すなわち若き日の昭憲皇太后は近代女子教育の発展に熱心な皇后であったことが、小田部雄次『昭憲皇太后・貞妙皇后――一筋に誠をもちて仕へなば』に指摘されており、先覚に導かれて明治神宮監修『昭憲皇太后実録』（上巻）からたどりみれば、明治四年一一月九日には、岩倉具視使節団一行とともに渡航する我が国初の女子留学生を召し、「其方女子にして洋学修行之志誠に神妙の事に候追々女学御取建の儀に候へば成業帰朝の上は婦女の模範とも相成候様心掛日夜勉励可致事」（六〇～六一頁）という沙汰書などを賜った。また、明治八（一八七五）年二月二日には、女子師範学校設立の趣を聞いて文部大輔田中不二麿《もんぶたいふたなかふじまろ》を御前に召し、「女学は幼稚教育の基礎にして忽略にすへからさるものなり聞く頃者女子師範学校設立の挙ありと我甚た是を悦ひ内庫金五千円を下賜せん」（二二四頁）との沙汰とともに金五千円を下賜している。同年五日の『読売新聞』は、これを「東京へ女子師範学校が設立につき　皇后宮が之を聞こしめして幼稚を教へる基なれバ当今なくてならぬものと思めされ御手許金のうち五〇〇〇円を此学校の入用にとて御差加へ遊ばされましたが実に有りがたい事でハ有りませんか」と報じている。女子師範学校設立の準備金を皇后みずから寄付したことが、新聞を介して広く世間一般に知られたのである。

若き皇后（昭憲皇太后）を有力な後援者とする女子教育の黎明期に、花蹊はたびたび皇后から召されて書画を揮毫し、高い評価を得ていた。それを花蹊は大変な栄誉と受けとめ、自身の誇りとし、一家もこのうえない喜びとしていたのである。女子教育に熱心な若き皇后との出会いが、私塾から女子の学校設立へと向かう花蹊に大きな影響を与えたのは、想像にかたくない。さらに、皇后との縁は、花蹊への揺るがぬ評価をも導いた。

明治神宮監修『昭憲皇太后実録』（上巻）によれば、また、明治一二（一八七九）年四月一五日には、三条実美邸への行啓の折に花蹊も同席している。

尋いで実美の御案内により庭中を御散策、桜花を覧たまひ、又跡見女学校長跡見花蹊及び同校生徒たる実美女智恵子、皇太后宮大夫万里小路博房孫伴子・宮内省御用掛板倉勝達女棲・故麝香間祇候山内豊信女八重の御前に於て書画を揮毫するを御覧あらせらる。

（明治神宮監修『昭憲皇太后実録』上巻、二一六頁）

皇后は実美邸の庭を散策し、桜花をご覧になり、跡見女学校の校長である花蹊と生徒である実美の娘智恵子はじめ生徒たちが書画を揮毫した。その褒美として「又書画を御覧に供せる花蹊に白縮緬其の他を、生徒万里小路伴子等に夫々反物其他を下賜あらせらる」と、花蹊には白縮緬を、生徒たちにもそれぞれ反物を下賜している。記述はさらに続く。

因に本日花蹊の描ける賤男の早苗採る図に実美の賛を加へしものは、頗る皇后の御感に通ひたるを以て御持帰りあり、毎年挿秧の期には之を御居室に賭けて御覧ありしと云ふ。

（同前掲、二一七頁）

皇后は、花蹊の描いた賤の男、すなわち庶民の男が早苗を採る絵に、実美が賛辞を添えた作品をたいそう気に入って持ち帰り、毎年その季節にはこの絵を居室に掛けて鑑賞していたという。花蹊からの敬愛のみならず、皇后もまた、花蹊に近しい思いを抱いていた。

こうした皇后を中心とする皇室と花蹊の交流は、学校開校後も続く。明治一九（一八八六）年四月九日には、皇后・皇太后が上野の博物館に行啓の折に、拝謁を仰せつけられ、花蹊は、生徒の松平鞆子、田村増子の二人を連れて参り、席上揮毫をした。『日記』の一本が伝える当日と推定される記述には「殊におほめに預かりたり」とあり、「のとかにも行幸車にちりかゝる雲の上野の花の白雲」という、光栄なこの日のできごとを桜に寄せて詠んだ歌も記されている（『日記』第一巻、八四九頁）。

こうした昭憲皇太后への敬愛の念は、おのずと花蹊の学校教育にも及ぶ。現在に残されている花蹊の作品のなかには昭憲皇太后由来のものもあり、和歌扇面もそのひとつである。

そこには、「八十四　花蹊」として、「日ゝにみかけ　日ゝにみかきてやまさらは　心の玉は　世にかゝやかむ」と歌がしたためられている。これは皇后が明治八（一八七五）年一一月二九日、東京女子師範学校開校式に行啓し、後日同校に下賜された御詠「みかゝすは　玉もかゝみも何かせむ　まなひの道もかくこそありけれ」にもとづき、これをしたためた花蹊の書も残されている（二一～四句「玉のひかりは出てさらん人のこゝろも」）。お茶の水女子大学百年史刊行委員会『お茶の水女子大学百年史』によれば、この和歌は明治一一年一〇月に伺いを経て式部寮雅楽課二等伶人東儀季熙《とうぎすえなが》の譜により校歌として歌われるようになった。この「みかゝすは（みがかずば）」は、のちに唱歌「金剛石」として広く人口に膾炙する。

皇后の御詠や下賜された唱歌を、花蹊は敬愛の念を抱いて採用し書写したのであろう。皇后との交流に恵まれたことは、花蹊の教育のありかたにも反映されていった。

女子教育に熱心な皇后に、花蹊が画家として認められ交流の機会に恵まれたことは、私塾の経営者、画家として活動する花蹊が、さらに女子の学校設立という高い目標に向かう、一つの大きな契機となり得たに違いない。女子教育への皇后の姿勢は、おのずと同じ女子教育を志す花蹊にも受けとめられる。ちなみに、跡見女学校の紫の袴は、昭憲皇太后の許しによるとも伝えられている。

女教院設立にむけての活動

折しも、明治五年の学制頒布により、新政府の方針として国民への教育が重んじられることになった。それから間もない時期に、花蹊は、女子教育にかかわる活動に携わっている。

明治五年三月に教部省が設置され、五月に教導職養成機関として大教院が設けられ、さらに、女子の教導職養成機関として女教院の設立が企画されていた。

『日記』によれば、明治六（一八七三）年五月一三日に、花蹊は教部省に召され、権訓導となった。権訓導は教導職の一四級の最下等の職位である。このとき、花蹊三十四歳。姉小路良子も同月一五日に教導職の大講義に就任しており、花蹊は、良子を助けつつ、女教院設立のために、女教師たちの人選をし、力を尽くして励み、同年六月に芝の女教院が開講し、十七日の朝五時から行われた開講の祭典に良子や姉の千代瀧とともに出席している（『日記』第一巻、一九七頁）。

姉小路良子との縁に活動をともにする女教たちとの縁も加わり、こうして、花蹊は女子教育へとさらにあゆみを進めていくことになる。実際、このときの女教たちには、その後、女子教育を牽引した先駆者であった人びともいる。木城花野（由子、一八二二～一八七九年）は明治八年八月東京府に私学開業願を提出し、同年中に栃木模範女学校（現宇都宮女子高等学校）一等教師となり、内藤満寿子（一八二三〜一九〇一年）は明治八年三月山梨県に女学家塾願書を提出、六月には甲府に女学塾を開校した。また、公許女医第一号の荻野吟子（一八五一〜一九一三年）などがいる（嶋田英誠「跡見花蹊の前半生」『五十年史』二一七〜二一八頁）。

こうした女教院設立に向けて活動した日々は、私塾経営のかたわら画家として精力的に活動し、高い評価も得ていた花蹊にとって、それまでとは異なる新たな体験であり、女子の教育あるいは生き方を考える貴重な機会となっていよう。しかし、明治八年、正月三一日、花蹊は病を理由に権訓導を辞職している。その真の理由は『日記』にも明記されておらず、前後の様子からしても『日記』には記し得ない事情があり、花蹊なりの英断ゆえと推察される。それでも、花蹊が権訓導職として女教院設立に向けて励み、そこで女教たちと出会い、頻繁に会合を重ねてともに学び努めた日々は、書画で身を立てようとしていた花蹊が女子教育へと方向を定める貴重な経験となり、大きく踏み出す要因となり得たのも、疑う余地はない。何らかの事情で権訓導を辞職したのは、まさに花蹊の学校設立前夜にあたる。

若き皇后の姿勢にふれ交流に恵まれた花蹊は、女教院というこれまでとは異質の場にも出会い、教育者としての面を開花させていった。それは、学校設立を促す一つの契機となったと推察される。

こうして、花蹊は、新しい時勢を汲みつつ、私塾経営と画家というありかたから、女子のための学校設立へと大きくあゆみを進めることとなった。

「跡見学校」開校と初期のカリキュラム

明治八年、花蹊三十六歳の正月は、平穏に始まったようである。晴天に恵まれた元旦の『日記』には「元旦御祝義（儀）も、する〳〵相済候也」（『日記』第一巻、七五五頁）とあり、とどこおりなく新年を迎えた様子がうかがえる。五日には生徒たちも皆花蹊のもとへ集まり、賑やかな正月の集いに打ち興じた様子である。この年も、塾には生徒たちが稽古に訪れ、花蹊は萬里小路家に稽古に上がったり、揮毫に励んでいる。

そうしたなか、『日記』をたどりみると、同年六月一九日に「中猿楽町十三番地地所売得いたし候」（『日記』第一巻、七七七頁）とあり、のちに「跡見学校」が開校する中猿楽町の土地を買得している。「地主山口県天野御民ト申人也」とあり、地坪は三七七坪余り、価格は五〇〇円。『日記』には「此後、多忙ニテ不記」（『日記』第一巻、七七七〜七七八頁）とあるが、七月一〇日には「中猿楽町十三番地地券状請取候也」（『日記』第一巻、七七八頁）とあり、この土地の地券を取得し、金五〇〇円を地主の天野氏に渡している。さらに、八月一四日には「塾棟上ル」（『日記』第一巻、七七八頁）とあり、校舎の棟上げが行われている。その後、この年の『日記』は、九月一日から七日まであるのみで、ほとんど記されておらず、多忙であった様子がうかがわれる。しかし、「八意思兼神《やごころおもひかねのかみ》」の御前で奏上した始業式の祝詞が残されており、そこに記される日付により一一月二六日に開校されたことが明らかにされている（岩田秀行「一月八日と跡見の開校式」『にいくら』№11）。

花蹊がどのような動機から学校設立に至ったのか、『日記』にその詳細は明記されないが、時代の

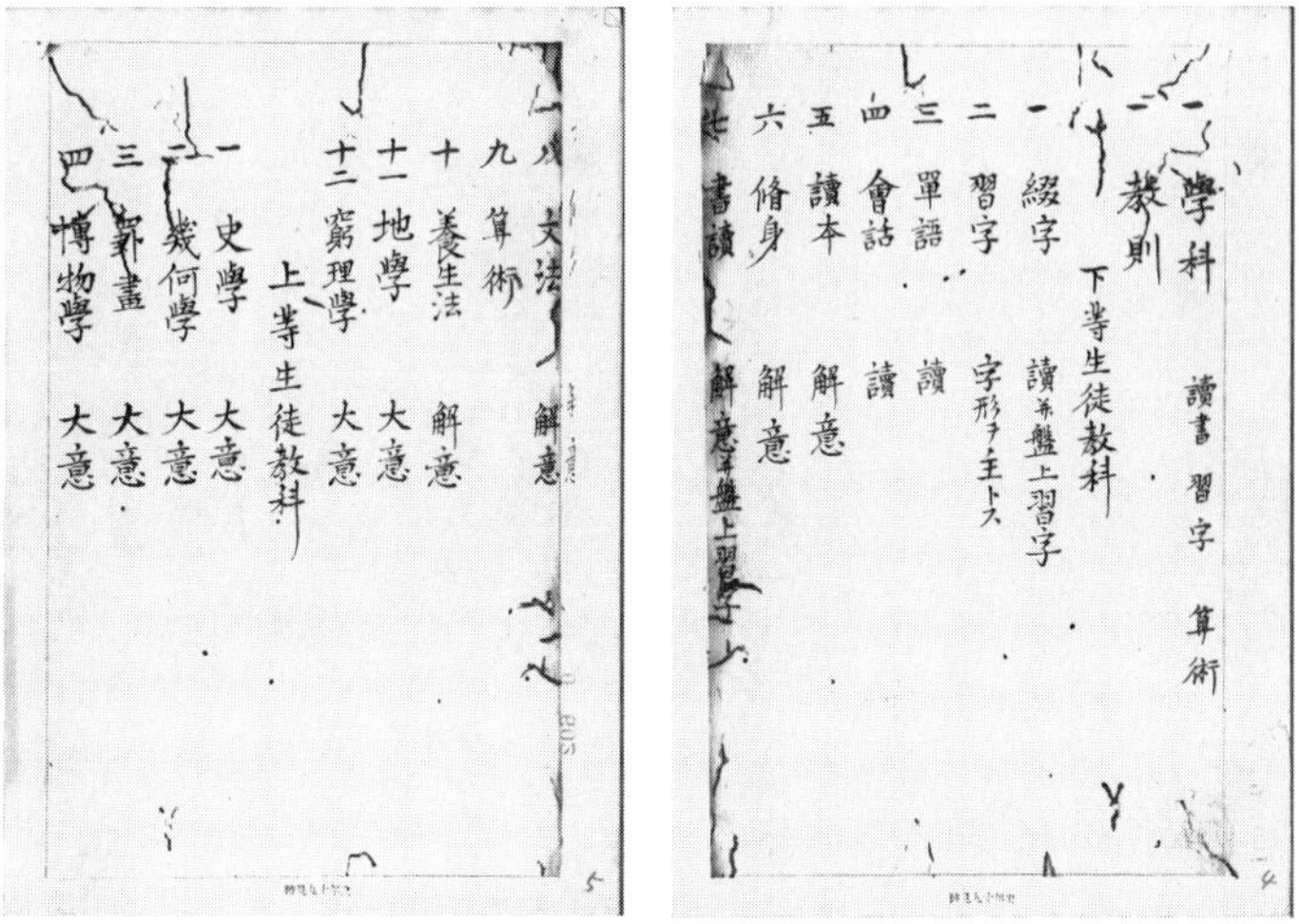
一 學科　讀書　習字　算術
一 教則
下等生徒教科
一 綴字　讀并盤上習字
二 習字　字形ヲ主トス
三 單語　讀
四 會話　讀
五 讀本　解意
六 脩身　解意
七 書讀　解意并盤上習字
八 文法　解意
九 算術
十 養生法　解意
十一 地學　大意
十二 窮理學　大意
上等生徒教科
一 史學　大意
二 幾何學　大意
三 罫畫　大意
四 博物學　大意

「開学願書」（明治８年12月）
跡見学園女子大学花蹊記念資料館所蔵

動向に目を向ければ、すでにふれたように、明治四年一一月に岩倉具視遣欧使節団とともに、津田梅子をはじめ永井繁子、山川捨松、吉益亮子、上田悌子が米国に留学し、明治五年に学制頒布、同年に官立東京女学校が開校し、明治八年一一月九日に女子師範学校の開校式が挙行され、この時期は近代女子教育の黎明期にあたる。新政府によって学校制度があまねく浸透し、女子に教育の機会と場を設ける機運の高まっていくなか、女教院設立の活動を経て、『日記』には表されない思いも抱いたであろう花蹊は、女子教育へと踏み出したのである。華族女学校の開校は明治一八（一八八五）年であり、それまでは、早い時期に開校した跡見が華族の子女たちの教育の受け皿ともなったようである。花蹊が学校を開いた中猿楽町十三番地は、かつて武家たちの地で、当時の三崎町姉小路邸の西に位

『跡見のお塾』より
跡見学園女子大学花蹊記念資料館所蔵

置する（嶋田英誠「跡見花蹊の前半生」『五十年史』二八頁）。おそらく、生徒数もふえ、私塾では用地ともども収まりきらず、新たな地をもとめたのであろう。

学校の届け出によれば、明治一〇年当時は八〇名、一五（一八八二）年には一〇〇名を数えた（嶋田英誠「跡見花蹊の前半生」『五十年史』二九頁）。この開校時の様子を伝える資料として、明治八年一一月の「私学開業願」（跡見学園女子大学花蹊記念資料館所蔵）が残されており、ここに「跡見学校」開設の申請がなされている。

それによれば、「学科」は、「読書」「習字」「算術」で、生徒を「下等生徒」「上等生徒」に分け、「下等生徒教科」には、「綴字」「習字」「単語」「会話」「読本」「修身」「書読」「文法」「算術」「養生法」「地学」「究理学」（物理）などがあり、「上等生徒教科」には「史学」「幾何学」「掛画」「博物学」「化学」「生理学」がみられる。幅広い教養と豊かな人格の形成がめざされていたことがうかがえる。

おそらく絵画も取り入れていたと推察されるが、記録としてそれが確認できるのは、もう少し時代がくだる。もっとも、開校初期は、生徒たちの年齢も一定ではなく、さまざまな年代の子女が集まっていた。学制頒布を受けて設立された「学校」とはいえ、制度に縛られるのではなく、ゆるやかなところであったようである。

花蹊は「お塾」と呼ばれる寄宿舎を校地内に設けていた。これは、生徒たちと寝食をともにすることを通じて人として大切なことを伝え、学ぶという、花蹊の教育の特色をなすものである。「お塾」は「跡見学校」開校時に始まったことではなく、三崎町の私塾時代に花蹊はすでに子女を預かり、起居をともにしていたようである。のちに卒業生によって編まれた「跡見のお塾」記録の会『跡見のお塾』には、「そのかみのお塾」として三崎町時代の回顧も寄稿されている。お塾で過ごした生徒のなかには、作家の三宅花圃や女優となった森律子もおり、体操がわりの舞踊や八意思兼神を祭っての儀式の様子などが伝えられている。授業のみならず生活するなかからおのずと伝えられることを重んじて、人としての望ましいあり方へと導くのである。それは、いわば全人教育であり、花蹊の教育方針を色濃く反映するのが「お塾」であったといえよう。花蹊は生徒たちから「お師匠さま」と呼ばれ、慕われていたという。「お塾」は、のちの柳町時代にも跡見の特色として継続されていった。

この開学当時の集合写真が大学に所蔵されている（跡見学園女子大学花蹊記念資料館所蔵）。ここに写っている人びとは、花蹊や姉の千代瀧をはじめ、二代目校長となる李子、姉小路良子を含め四二名おり、一見して年齢もさまざまである。この写真には、後のものとみられる書き込みがあり、それによると、烏丸伯爵夫人勘解由小路《かでのこうじ》操子、庭田伯爵夫人綾小路長子、嵯峨侯爵夫人中山仲子、三条西伯爵夫人三條西浜子など、上流の子女たちが多く集まっていた様子がうかがえる。なかには、「ロー

開校記念写真
跡見学園女子大学花蹊記念資料館所蔵

ザ・カロリナ」という外国人らしき名前も見られ、儒学の教養にもとづく教育を重んじる花蹊の学校で、外国人の子女も受け入れていたらしい様子がうかがえよう。

こうした人びとやその親たちに慕われて、明治八年の一一月頃、花蹊の「跡見学校」が開校した。明治一六（一八八三）年七月の「学校開申書」（跡見学園女子大学花蹊記念資料館所蔵）でも「跡見学校」であり、花蹊が設立した学校の当初の正式名称は「跡見学校」であった。のちに、柳町校地に移転するまでのどこかで、校名は「跡見女学校」となったようである。

その「学校開申書」の「設置目

的」には「本校ハ女子ニ漢文読書及習字ヲ教授シ傍ラ習画（南宋）及裁縫ヲ（生徒ノ需ニ応ジテ）教授ス」とあり、漢文・読書・習字が中心とされていたことがわかる。明治一五（一八八二）年には、修業年限三年で、漢文・読書・習字とともに絵画・裁縫を教えている。漢文・読書・習字が要となるのは、幼少時から漢籍や詩文、書、絵画を学んできた花蹊の生い立ちからしても、ごく自然である。明治時代に設立された女子の学校には裁縫を重視したところもあるが、ここで裁縫は生徒の需要に応じてとされ、花蹊が生活に密着した実践の学より、教養を重視していたことがうかがえる。

　こうした学校のカリキュラムは時代の流れにそって時々に改正されており、花蹊が世の中の動向を見据えつつ、その時々でもっともよいあり方を模索していた様子が感じ取れる。『日記』明治一八年九月二一日には英語の教員についての記述がみられ、「米国女教師ワツソン我校に雇入ル。生徒に英語を教授ス」（『日記』第一巻、八〇八頁）とあり、別本の『日記』九月二三日には「和津宋、教授生徒英語」（『日記』第一巻、八〇八頁）という記述も確認される。宣教師によって設立されたミッション系の女学校とは異なり、江戸からの伝統を重んじる教育を選び取った学校でありながら、花蹊はこの時期にいち早く英語を

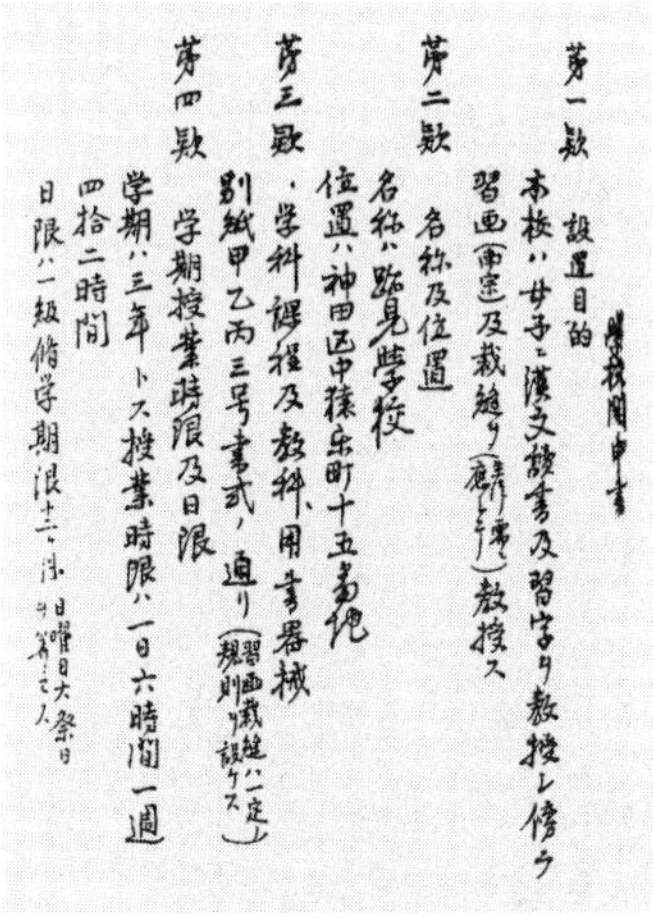
学校開申書
第一款　設置目的
本校ハ女子ニ漢文読書及習字ヲ教授シ傍ラ
習画（南宋）及裁縫ヲ（生徒ノ需ニ応ジテ）教授ス
第二款　名称及位置
名称ハ跡見学校
位置ハ神田区中猿楽町十五番地
第三款　学科課程及教科用書器械
別紙甲乙丙三号書式ノ通リ（習画裁縫ハ一定ノ規則ヲ設ケス）
第四款　学期授業時限及日限
学期ハ三年トス授業時限ハ一日六時間一週
四拾二時間
日限ハ一級修学期限十六ヶ月

学校開申書
跡見学園女子大学花蹊記念資料館所蔵

取り入れ外国人教員を雇い入れている。翌明治一九年一〇月一日の『日記』には、「始聘英国人婦人礼蓮《レレン》氏、教授英語学」（『日記』第一巻、八八九頁）とある。明治一〇年代の末になると、女子の学校もふえ、「女子学習院」の前身である華族女学校も開校する。上流の子女をあずかる学校は、開校から十年の歳月が流れた時点であらたな特徴を打ち出すことがもとめられてもくる。英語教育の開始は、大きな決断であったに違いない。そこに、時代の動向を見据えつつ、独自の教育をめざす教育者花蹊の姿がうかがえよう。

第二節　花蹊の学校教育

美術教育の重視

画家である花蹊は、みずから起こした学校においても、美術を積極的に取り入れた。女子教育に絵画の教授を重んじるのは、花蹊の教育の重要な特徴である。跡見学園が美術を重んじ、のちに短期大学の生活芸術科や女子大学の美学美術史学科が設置開学されたのも、ほかならぬこの花蹊以来の伝統に基づいている。『をりをり草』のなかで、花蹊みずから美術教育について述べている。

斯様な次第で自分が書画が好きなので、最初から女子教育は大いに書画の教育を発達せしむる必要を感じて、絶えずこの事を論じ、又実際自分の学校で実践して居るのであります。

私の学校は明治八年に神田中猿楽町に開校したのが初めてゞありまして、それ以来今日に至つて居るのであります。勿論その以前から明治五年頃から私の塾では教へて居たのですけれど、而して初めは国漢文裁縫を教へたが、間もなく女子にはどうしても美術教育がなくてはならぬと思ひまして、書画を大いに教ゆることにいたしました。

（跡見花蹊『をりをり草』、一二七〜一二八頁）

晩年の一書である『をりをり草』には美術とあるが、現在確認できる明治時代の跡見女学校規則では、「美術」という用語は使われてはおらず、絵画が用いられている。のちの記述であることを考慮して、なお、画家である花蹊が書とともに美術を重んじ、みずから教鞭を執っていたのは事実である。画家としての評価を得た花蹊が設立した学校で、書とともに絵画が教育の軸に据えられるのは、花蹊の生い立ちからすれば当然のなりゆきでもある。続く部分には次のようにある。

初めは私が、書も画も一切直筆で手本を書いたのですが、段々生徒が殖えて今では六百人余りも居るのですから、一々手本を書いてやる訳に行かぬので、只今では一年から五年迄の生徒は私の書いたのを、版に致して教へて居ります。然し五年後尚ほも勉強するといふ研究科の生徒には直筆で書いて渡します。

それで手本を書いてやる度に、揮毫雑記というものを造つて置いて、上げた人の姓名を一々記

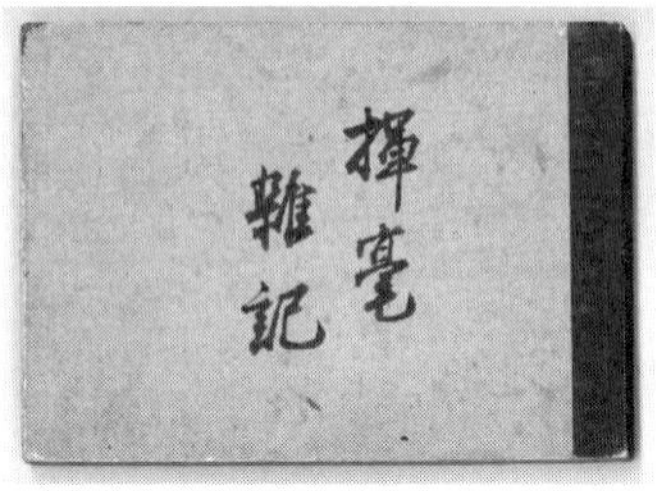

揮毫雑記表紙
跡見学園女子大学花蹊記念資料館所蔵

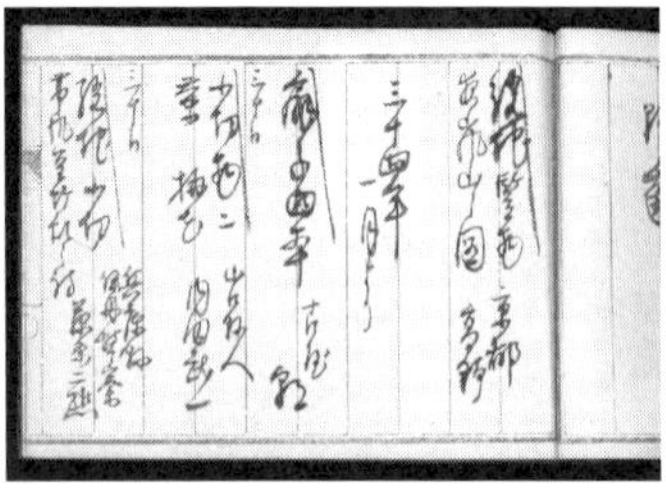

揮毫雑記（内）日付部分
跡見学園女子大学花蹊記念資料館所蔵

して居るのですが、書の方だけで、既に法帖の数が、二万に達せんとして居ります。何れ遠からず二万の御祝を致したいと思ひます。

（跡見花蹊『をりをり草』、一二八頁）

生徒数の増大に伴い、やむを得ず版すなわち刷り物の形態を採用するが、それでも、さらに上級に進む生徒たちにはなお直筆の手本を与えている。時代が変わっても、直筆を重んじる姿勢はやはり貫かれていたといえよう。後半に記される「揮毫雑記」は、現在、大学に所蔵されており、そこには直筆手本を与えた人びとの名が大勢記されている。引用部分には「二万の御祝」とあり、大勢に書き与えることが、花蹊自身の喜びであり、誇りであった様子がうかがえよう。

さらに、「閑院宮姫君殿下の試筆」と題する続く部分では、次のように述べている。

斯様に私は女子の美術教育に重きを置いて居るのでありますが、実際この美術を奨励して国民の間に美術思想を発達せしむることは、その人の趣味を高尚にし、俗気を離れしむるものに最も善いことで、殊に女子には家庭の楽しみとしても最も高尚な趣味ある楽しみで、女子の教育などにも、母親が美術思想を解して居るといふことは非常な幸福なことだと思ひます。

近頃貴族の方々が大抵絵画を遊ばしますが、絵は又歌や詩の題などにもなつて、愉快で高尚な楽しみだと思ひます。

此所に掛けてありますこの社頭の杉の御絵は閑院宮姫宮殿下が今年の正月に御試筆として、御書き遊ばしたので御座います。実に御筆美はしく拝見いたして居ります。今年御年十九歳に御成り遊ばしたので御ざいまして御雅号は花鳳と申上げるので御座います。

（跡見花蹊『をりをり草』、一二九〜一三〇頁）

花蹊は、女子教育に美術を取り入れ、それを浸透させることが高尚な趣味であり家庭の楽しみにもなると考え、母親となる女子が美術思想を理解していることが子に幸せをもたらすと述べている。後年の文章であることを差し引いても、花蹊が当時の女子教育にありがちな裁縫といった実学ではなく、芸術を重視する教養教育をめざしていたのは明らかであろう。晩年から顧みられたとき、絵画＝美術が特記され、そうした芸術が内面を豊かにし、家庭の幸福にもつながるという徳育に通じる考え方が濃厚に表れている。

後半は、貴族たちが絵を好み、絵が和歌や詩の題にもなることにふれ楽しみであるとする。古来、屛風絵などが宮廷社会の必需品であり、絵と和歌や漢詩はともに鑑賞される対象である。そうした貴族社会につらなる楽しみを花蹊は説き、その実例として跡見女学校に学ぶ閑院宮姫宮の例をあげ、社頭の杉の絵を持ち出している。「花鳳」は雅号、花蹊門下で絵画を修めた生徒には、「花」のつく雅号が与えられた。さらに、続く部分もあげてみよう。

それで私は女子に美術教育の必要を申すと共に、願はくば今後の女子は、益々斯道の研究に力を入れて、一寸外国などに行つて洋画の有名なものを見た時など、それが善く判る様になつて居る必要があると思ひます。日本画と西洋画とは一寸違ふ様に思はれますが、美術の真髄に入れば互に相通ずるものがありますから、日本画を学んだのでも矢張り西洋画を見て解るであらうと思ふ。否確かに解るのであります。

それのみならず、今日の我国は上下皆奢侈に流れて、殊に女子が大分奢つて居るやうであるから、この気風を一転して女子が大奮発して一つ内職でもやつて、外債などは女の手で返す位の意気込みでなければならぬと思ひます。

それにはこの絵画の如きは女子の職業としても至極面白いことだと思ひます。内職といふと、すぐ貧乏人のすることの様に思ふが、それは間違つて居ります。日本の女子は金を作ることを知らずに夫の懐をあてにして、人に頼り懸るばかりですが、それではよくないのであります。絵などもたゞ嫁入りの資格を付けるために一寸入口を覗くだけでは駄目なのであります。一つ本職になる位の意気込でやつて欲しいのであります。女の書いた絵は世界に売り出すやうでありたいと思ひます。

（跡見花蹊『をりをり草』、一三〇〜一三一頁）

花蹊は美術教育の必要を説き、外国に行った際に絵を理解できることも想定している。さらに、「内職」ということばを用いて、それを女性の経済的な力に結びつけることも主張する。上流の子女を迎えた跡見女学校であったが、大正時代に入り、ただ夫の懐を頼るばかりではなく、嫁入り道具程度に少し嗜むのでもなく、本気で取り組むことを説き、話は世界に売ることにまで及ぶ。「本職」という言葉を用いるが、単なる趣味に終わらせるのではなく、本腰を入れて妻の経済力につながることを期待している。大正という時代に、回顧を中心とする文章のなかで、花蹊が美術をもって女性たちの「自立」を奨励しているのは興味深い。

後年にこうした文章で顧みられる美術教育を、花蹊は中猿楽町時代から行っていた。

直筆の書画手本

学校が設立されてからも、花蹊はみずから書画を教授していた。後述するが、後年の明治二五（一八九二）年、明治二七（一八九四）年それぞれの改正による規則のいずれにも、「書画」という科目が午前後半の授業科目として置かれ、重視されていた様子がうかがえる。絵画と習字が花蹊みずからの手を通じて教授され、花蹊の学校の特色として根づいていった。花蹊は、その授業のために、生徒たちに手ずから折り模範を書き与えている。直筆の手本は、師と生徒の心を結ぶ。手本は、単に上手な字の模範としてあるのみならず、人と人の絆をも重んじる教材であった。

跡見女学校では、さまざまな手本が用いられていたようである。現在大学に所蔵されている手本は画手本が一四九点、書手本が九四点にものぼる（平成二九〈二〇一七〉年九月現在）。

書手本は、漢学・漢文系統のものと仮名を主とするものがあり、内容も多岐にわたっている。これらは、往来物とよばれる、寺子屋などで用いられた近世の伝統を引くものである。往来物については、すでに石川謙・石川松太郎の父子によって体系的な整理と研究が行われており（石川謙編『女子用往来物分類目録』・石川松太郎『日本教科書大系　往来物編　別巻二（続往来物系譜）』）、石川謙氏は「教訓科往来物は主として物読むことによつて修得の出来るやうに編まれて居り、消息科往来物の多くは手習ふことによつて学習するやうに撰ばれてゐる。読書主義と手習主義とは、江戸時代に於ける初等教育上の

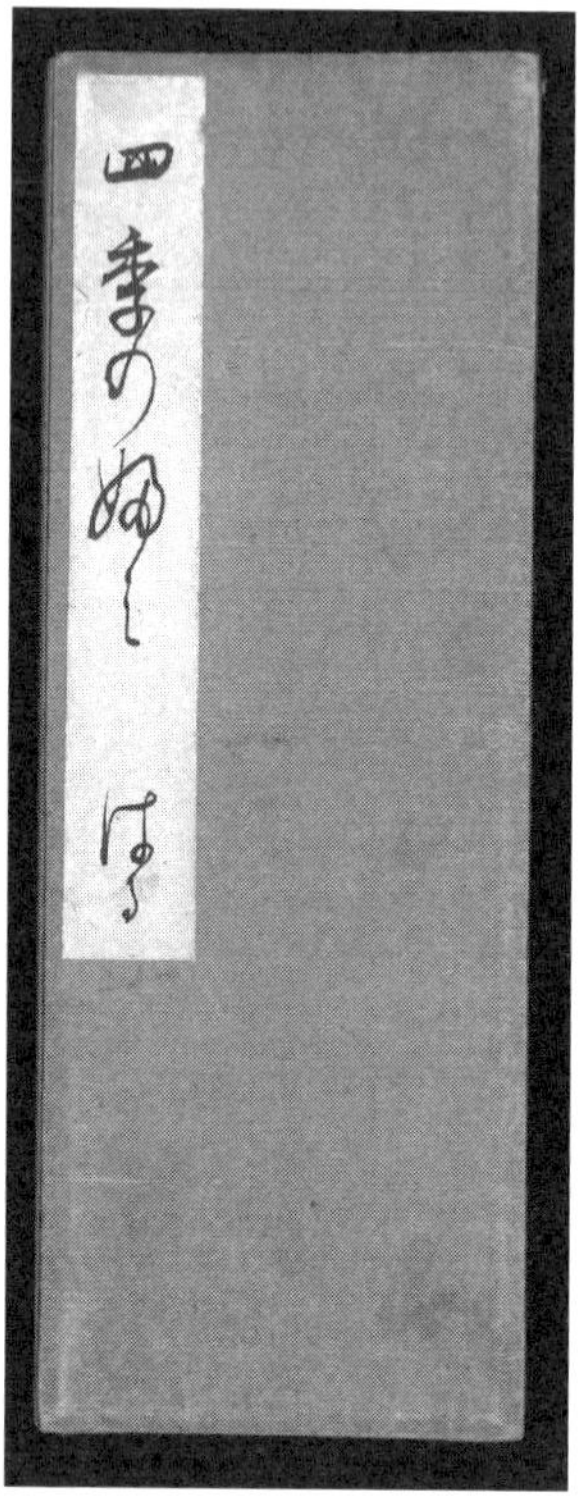

書手本「四季のふみ　はる」
跡見学園女子大学花蹊記念資料館所蔵

二大学習形式であつた」とする（石川謙編『女子用往来物分類目録』、七頁）。これらは習字の手本としてあるだけではなく、修身的な意味合いを含む読み物であり、女子用往来物は、女子としての人格形成と教養に役立つように編纂されていた。

明治に入って開学された跡見女学校においても、習字を通して教養を授けるという手本の基本的な性格がある。使用された手本の撰文がどのようになされたのか、詳細は不明ながら、往来物の系列につらなるものを規範とし、大坂中之島、京都、神田三崎町の私塾時代からの流れのうえにあると考えるのがもっとも自然であろう。

画手本　紫陽花
跡見学園女子大学花蹊記念資料館所蔵

当初、手本は花蹊が手ずからしたためていたようだが、学校の規模が大きくなり次第に生徒数がふえると、前掲の花蹊の回想で述べられるとおり、花蹊自筆の印刷版が使用されたようである。もっとも、版すなわち印刷物にすることによって、伝える内容が変わるわけではない。同窓会誌『汲泉』第八四号（一九三〇年七月）「校友諸姉の御消息」には、卒業生の次のような文章がある。

それは、入学後初ての御細字の時間、あの「四季の文」の春を頂戴した時で御座いました。師の君は御手本を開かれながら、「この仮名文字は唯徒に優しいのみではありません。

優しい中にもしつかりとした筆法ではありませんか。女子は従順にして、且内に凜乎たる意志を持つ可き事が示されてあるのです」と御訓し下さつたのです。私はこの御手本、この御言葉を通じて、跡見心の真髄に触れた思が致し、実に私し《(ママ)》の胸に気高い校風が培はれはじめた、第一印象として忘れ難いので御座居ます。

（榎本光栄『汲泉』第八四号、七三頁）

これは昭和三（一九二八）年三月の卒業生のもので、花蹊最晩年の書の授業と推測されるが、習字の手本とそれに添えられた師のことばが、入学したばかりの生徒に「跡見心の真髄」を伝えていた様子がうかがえよう。師から直接いただく手本が、一人の生徒の心に刻まれる尊さが綴られている。それこそ、草創期の学校の生徒たちから続く跡見の心であったろう。

清国公使館訪問

初期の学校に学ぶ生徒たちは、実際、書画に秀でていたようである。学校設立前後の様子をうかがい知る花蹊の『日記』記述は少ないのだが、生徒たちが対外的にも評価されていた様子を伝える記述が見いだせる。明治一一（一八七八）年には、「夏日」として次のような一文がある。

予、六人女弟子を携て、清国公使館ニ招待せられて、何如璋其外、詩書画を席上に揮ひ、詩の贈答ありて、彤管生暉《(輝)》帖新刊成る。

（『日記』第一巻、七八七頁）

夏のとある日、花蹊は清国公使館に招待され、六人の女弟子を連れて訪問した。花蹊は三十九歳。中猿楽町に跡見学校を開校してから三年足らずのこの時期、花蹊は海外の一流の人びとと交流していたのである。上京してからの花蹊は、前述のように新たな縁にも恵まれて画家として盛んに活動していた。花蹊の絵画の代表作である「四季花卉《かき》図」は明治一〇（一八七七）年七月の作品であり、「秋虫瓜蔬図」も明治一五（一八八二）年の作品であり、まだまだ若く元気な花蹊が精力的に活動していた様子がうかがえよう。画家として高い評価を得た花蹊は、対外的にも認められ、外国の要人との出会いと交流にも及んだと推察される。

彤管生輝帖
跡見学園女子大学花蹊記念資料館所蔵

この清国公使は、明治初期の日本と中国の文化交流に貢献した何如璋である。何如璋は広東省の出身で、明治九（一八七六）年一月一五日に駐日公使として任命されたが、西南戦争のため出発が延期され、翌明治一〇年九月一〇日に北京を出発、天津を経て南京に赴き、軍艦「海安」によって一一月二六日に航路で日本へと向かい、一二月一六日清国公使一行は横浜に入港し仮の公使館を開設したが、明治一一年一月一五日に芝の増上寺山内の月界院に正式な公使館を開設した（佐藤三郎「何如璋『使東述略』」、三六～三七頁）。その後、同年九月には公使館移転の問題が起こり、一一月に華族会館を買って永田町へ移った（大河内輝声筆談・さねとうけいしゅう編訳「犬猿問答」。一四五頁）。花蹊たちが訪ねたのは、芝の月界院にある公使館になる。

跡見玉枝
跡見学園女子大学花蹊記念資料館所蔵

花蹊がこの清国公使館訪問時の様子を描いた画と詩文贈答を収める『彤管生輝帖《とうかんせいきじょう》』を出版していた。それが跡見学園女子大学花蹊記念資料館に所蔵されており、画に「戊寅清和月」と添えられているところから、この訪問が陰暦四月であることがわかる。

書画の交流をした六人の「女弟子」の名も記されており、挿画に描かれる揮毫者の三条実美長女智恵子（六歳）のほか、萬里小路博房孫女伴子（雅号花香　十一歳）、後藤象二郎三女梢（同花蕚　十一歳）、板倉勝達二女棲子（同花翠　十一歳）、細川廣世長女熊江（同花雲　十四歳）、福田政治郎長女喜見（同花山　十二歳）であった。六歳の少女が揮毫の腕をふるい、年若い少女たちが漢詩を作る様子は、赴任間もない清国公使一行を驚かせた。生徒たちの年齢もさまざまで自由な初期の学校は、一方で、書画の教養も相当なものであった。

こうした生徒たちの見事な活躍によって、校長である花蹊の名もさらに高められていく。

跡見玉枝上京

学校が開校して一〇年あまりの時期、花蹊のもとに一人の従妹が上京してくる。明治一九年七月二六日の花蹊の『日記』に、従妹の跡見玉枝が京都から上京したことが記される。ここで、花蹊を慕い、画家として活躍した玉枝についてもふれておこう。

跡見玉枝は花蹊の従妹で、桜の絵を得意とした画家である。その生涯は、玉枝の口述にもとづき、玉枝の主催した私塾精華会の会員井上波子が著した跡見家編輯『桜の我か世』と、精華会から発行された跡見玉枝『さくらの木蔭』にこまやかな回想がある。玉枝は本名勝子、安政五（一八五八）年四月二八日、勝造の三女として生まれ、昭和一八（一九四三）年八月七日没。享年八十六歳であった。父勝造は跡見花蹊の父重敬の弟。花蹊は天保一一（一八四〇）年四月九日生まれであるから、玉枝はちょうど十八歳若い従妹である。二人が親交を結ぶようになるのは、父勝造の事情による。玉枝は牛込の市ヶ谷加賀町の家で生まれ、安政二（一八五五）年一〇月二日の大地震で兄姉を失った両親が江戸を離れることを望み、万延元（一八六〇）年に京都へ移り住む。父勝造が仕えた穂波伯爵家の穂波経度は戊辰戦争に功績のあった人である。その穂波経度に従い上野の戦争に赴いた父が消息不明になり、伯父三宅勘左衛門の父は亡き者と思って身を立てることを考えよという進言により、玉枝は、ちょうど京都の東洞院に塾を開いていた花蹊のもとで世話になることになった。このときの経緯は花蹊の『日記』にも端的に記され、それによれば、慶応四（一八六八）年二月一五日に勝造が出立、三〇日に玉枝の世話を頼む書状が花蹊のもとへ届き、翌月一三日に伯父勘左衛門に連れられて玉枝は京都の花蹊のもとへ来ている。玉枝十一歳。明治二（一八六九）年、父勝造が生還し、玉枝は父のもとに戻り、回想によれば、玉枝が花蹊のもとで暮らしたのは上野の戦争の始まる頃から明治二年までになる。

花蹊の身近に暮らした日々は一年ほどであったかと推測されるが、その日々は玉枝にとって忘れがたいものとなったようである。回想によれば、花蹊のもとに身を寄せた玉枝は、その一か月後に、花蹊の父が仕える姉小路家に初めて上がり、日常の使いなども含め頻繁に出入りするようになる。

回想には、その頃から花蹊を師として四條派の絵と習字を教わり、漢学は姉小路良子に教わるため、毎朝本を携えて姉小路家に通ったという。よくできたときには褒美に菓子や玩具をいただき、特に、桃色の着物を着た人形はその後も大切な宝としており、大震災で焼失したことを残念がっている。玉枝が漢学を学んだ日々は、良子との交流から公家文化に親しみ得た日々でもあった。慶応四年当時、花蹊二十九歳、良子は十三歳で玉枝の二つ上、花蹊が良子の教授に参殿する縁で玉枝も良子に出会い、公家文化圏に親しみ、のちの玉枝の素地となる教養がはぐくまれたと推察される。

玉枝は、花蹊に学んだのち、やはり四條派の長谷川《はせがわ》玉峯《ぎょくほう》に学び、基本的には写実的な花鳥画の系統にあるといえよう。その桜の師となったのは、宮崎玉緒《みやさきたまお》である。跡見家編輯『桜の我か世』によれば、桜の描画は三熊花顚《みくまかてん》を祖とし、妹露香を経て織田瑟々から宮崎玉緒へ伝えられたという。三熊派と呼ばれる人びとは個人差はあれ基本的には写実的な描法であり、もともと四條派の絵を学んだ玉枝が博物学的な桜の絵を描くのは自然でもある。

玉緒は桜を海外に紹介するとともに、皇室に愛賞されることを願い、玉枝は師の志を果たす。玉枝自身、皇室とゆかり深く、明治四二（一九〇九）年五月富美宮内親王御用掛、大正一五（一九二六）年閑院宮春仁と一条直子の婚儀に調度品揮毫、昭和五（一九三〇）年皇太后大宮御所へ移転に際し玉緒の桜の和歌五十首を巻物二巻に収め、その歌にちなんだ桜五十種を書帖二冊に描き御国の花香と題して献上、昭和一五（一九四〇）年五月皇后御前揮毫、一〇月明治神宮鎮座二十年祭のために駒繋桜の額面奉納、などの事績がある。そこには、桜の画家玉枝への評価に加えて、皇后職についた姉小路良子や少女期にふれた良子周辺の公家文化、華族の子女も多く学ぶ学校を開いた花蹊の存在もかかわっていよう。

玉枝が上京する契機となったのは、父勝造が明治一八（一八八五）年一〇月一〇日に逝去、翌年岡《おか》倉天心《くらてんしん》とともに京都に来たアーネスト・フェノロサが日本美術の将来について講演をし、それを聴いたことであった。講演の翌日に岡倉天心を訪ね、狩野芳崖《かのうほうがい》や橋本雅邦への紹介状を書いてもらい、母と甥姪の三人を養わねばならぬ身であることも話し、八月中の上京をもとめられて、急遽、京都の女学校での職を辞してまず一人で上京。東京で学校を開いていた従妹の花蹊のもとで世話になりながら、ちょうど九月に開校される共立女子職業学校に奉職することになり、家族一同を呼び迎え、東京に永住することになったという。突然上京することになった玉枝をまず受け入れたのも、花蹊であった。さかのぼること明治九年九月一〇日付の跡見勝造と玉枝宛の花蹊の書簡が残されており、このときなんらかの事情で上京する玉枝を花蹊が心待ちにしている様子もうかがうことができる（『跡見花蹊の名品　収蔵品目録新シリーズ二〇一四』、一三頁）。画家として研鑽に励む玉枝が東京に拠点を移すことは、花蹊にとっても喜びであったろう。

明治一九（一八八六）年七月二六日に玉枝が上京し、その後の『日記』によれば、九月一九日には花蹊、玉枝ともどもフェノロサの演説を聴き（『日記』第一巻、八八七頁）、一〇月三日には勝造の一周忌法要が行われている（『日記』第一巻、八八九〜八九〇頁）。年末の一九日に玉枝は花蹊の隣に移り住む（『日記』第一巻、九〇五頁）。花蹊は跡見女学校の校長、玉枝は共立女子職業学校で教え、当時の女子教育に携わる者同士の交流はゆるやかである様子がうかがえる。

後年、玉枝が還暦を迎えたとき、その祝賀会の引き出物として配られた跡見勝子編『みくにの花の香』に掲載される門人岡野花子による略年譜には、明治一九年に京都府女学校を辞して東京に移り住み、神田区今川小路に私塾を開き、明治二二（一八八九）年に日本美術協会展覧会に宮中賜題の桜花啼く鶯図を出品、これが宮内省御用品となり皇后行啓の際に選ばれて御前揮毫の栄を賜り、以後、皇后、皇太后の御前揮毫や富美宮、泰宮の御用掛をつとめたことが記される。

同書には、祝賀会前日に詠まれた花蹊の和歌が掲載されている。

玉枝女史の華甲の賀に

命毛の長き筆よりさき出しはなや御国に満ち足らふらむ

八十一嫗花蹊瀧

毛の長い絵筆から咲き出る桜花が御国を満たしているであろうという、玉枝の還暦を祝う一首に、八十一歳になる花蹊の喜びもあふれる。翌々日の花蹊の『日記』には、玉枝が御礼に訪れ、種々の話に時を忘れたとあり、晴れやかな記念の一日が、玉枝・花蹊双方の心に刻まれ、それを確かめあった様子がうかがえる。

花蹊も玉枝も画家として活躍し、教育に携わり、皇室との縁も深い。しかし、花蹊が校長となり教育者・経営者として学校に軸足を置くのに対し、玉枝はやはり桜の画家である。従妹姉妹それぞれの選び取った生き方に、この時代を真摯に生きた女性たちそれぞれの姿をみてとることができよう。

第三節　跡見女学校の新時代

柳町新校舎建築

明治二〇（一八八七）年三月、花蹊の身に驚くばかりの事件が起きた。なんと、『東京日日新聞』に花蹊の死亡広告が出たのである。明治二〇年三月九日の『日記』には次のように記される。

朝八時、上杉伯使者来、口上、先生凶事をのぶ。是ハ不思儀（議）なにかの謬ならんと。又、朽木子使来、凶事をのふ。又、浜松人跡見暉一馳来、先生之死去を云ふ。其内続ゝ、花筒之一対、菓子、香奠等、見舞者の泣者。宮原六之助君横浜より飛来、来客云、本日東京日ゝ新聞に訃音広告欄にかゝげありとて、始而此新聞を見る。実に未曾有之珍事也。生徒等之驚云へからす。やはり例の如く授業もありて、夜親戚知人来りて祝宴を張る。

（『日記』第二巻、八～九頁）

この日は朝から次々と使者が訪れ、花蹊死去のお悔やみを述べた。何かの間違いかと不思議がる花蹊のもとへ、続々と祭壇のお供え用の花筒一対や菓子、香典まで届き、見舞に来て泣く者もある。来客に、この日の『東京日日新聞』の訃報欄に花蹊が出ていたと言われ、花蹊は初めてこの新聞を見たという。いまだかつてない珍事と記し、生徒たちの驚きは言うまでもなかった。思いもよらぬことに花蹊は驚きながら、しかし、いつもどおりに授業を行い、夜には親戚知人がやってきて祝宴を張ったという。花蹊は気丈であった。

この時、新聞には、花蹊関連の記事が次々掲載されていた。明治二〇年三月九日付『東京日日新聞』に、跡見玉枝と親戚山内島の連名により三月八日の日付で花蹊が病気のところ養生叶わず八日午前五時三十分死去、十二日正午十二時出棺谷中天王寺へ埋葬という内容の記事が掲載された（山崎一穎「メディアの捉えた跡見花蹊」『にいくら』No.1、九頁）。翌一〇日の『日記』によれば「朝より弔喪者続と来る。新聞を取消せる」（『日記』第二巻、九頁）とあり、同月一一日付『東京日日新聞』には、三月一〇日の日付で跡見花蹊の名により八日の死亡広告は「全ク無根之儀ニテ私事別條無之」という記事が掲載され、さらに、三月一二日の同紙に同様の訂正記事が再度掲載、三月一三日の同紙には、跡見玉枝名で抗議文が掲載されている（前掲書、九頁）。

無実無根の大変に失礼な事件であるが、花蹊もとりまく人びとも、このような事件に屈しないどころか強く立ち向かい、これがかえって学校を発展させる契機となった。
『日記』によれば、三月一一日には、三条実美に招かれて工科大学校で「活人画」、すなわち背景の前で扮装した人がポーズをとり絵の中の人のように見せる催しに行き、そこで伊藤博文、佐野常民が先の訃報広告について、「先生こそ寿命万歳と呼ばれたり」、さらに「此凶事を動機として一大学校建築の機運ニ及ふ。学校之地をいつれかと所ゝを尋ねて、今の小石川の地を観る」（『日記』第二巻、九頁）とあり、小石川柳町の土地を見に行き、ここに決めた。近くにあるのは伝通院、病院のほか、阿部邸跡地のみで、人家は一軒もなく田圃のみであったという。

こうして、思いがけない事件が、生徒数もふえ手狭になっていた中猿楽町から柳町に新しい校地を得て新校舎を構えるという、学校の新時代を呼び寄せることになったのである。

『日記』をたどれば、この年の六月二三日には学校改築委員諸氏と相談会を行い、準備が進められていったようである。関連する記述をあげてみると次のとおりである。

八月九日
　此日より小石川柳町跡見女学校改築始となす。
八月十一日
　学校地棒（榜）表を建る。

九月六日
学校、日ゝ土を盛、地ならし、漸出来、土車日に二百つゝ地行にかゝる。
九月廿九日
食堂及湯殿、庖厨所、上棟式。
十月九日
寄宿舎上棟式。
十月廿日
柳町住宅上棟式。
十一月三日
講堂上棟式執行。
十一月九日
庭に池掘らす。
十二月廿五日
移転執行。

（『日記』第二巻、一一一～一一五頁より抜粋）

土を盛り、地ならしをし、食堂や寄宿舎すなわち「お塾」、講堂などが次々と建設されていく様子が目に浮かぶようである。そして、年末の一二月二五日には無事に移転が行われた。続く記述によれば、手伝人は一五〇名にのぼり、この日、五大新聞及び改新、読売、大阪朝日、女学雑誌に移転広告を、生徒募集とともに掲載したとある。また、二八日に「来一月八日開校準備と定むる」（『日記』第二巻、一六頁）とあり、明治二一（一八八八）年元旦には、その開校式の招待状を五〇〇軒に配達したと記されている。

新校舎は、小石川区小石川柳町二十七番地（現文京区小石川一丁目二十三番地）であり、明治二一年一月八日に開校式が挙行された。

開校式。講堂玄関入口及毎室に釣灯籠をかゝぐ。すへて緑葉に薔薇花を挿み、第一室請附所、第二化粧室、第三委員詰所、楼上客室、塾楼上楼下、生徒之室となし、庭園運動場に式場を設け、数百之椅子、前面皇族方をはしめ貴顕紳士、左之側に数百之椅子に令嬢たちを。午後一時より式はしまる。（『日記』第二巻、一九頁）

講堂や玄関、部屋ごとに釣り灯籠を掲げ、すべて緑の葉にバラの花をはさんだ。庭園運動場に式場を設けて、数百の椅子を置き、午後一時開式であった。

続く記述にはその式次第が記されており、それによると、まず校長花蹊が新築趣意書を読み、次に三条内大臣が祝文を朗読、続いて生徒総代で三条智恵子が祝文を朗読、サンマルス（サンマース）の英語祝文、平尾竹子の和文祝詞、中村敬宇の演説であった。食堂を二か所に設け、近衛軍学二小隊による奏楽があり、来賓は伏見貞愛親王、同妃信宮、小松親王、同妃依君、同篤宮女王、北白川宮、同妃光君などの皇族をはじめ、三条内大臣夫妻などの要人を招き、華族や貴女紳士の招待客は実に千人あまりであったという。その日は、夜になっても講堂などに数千の灯りが掲げられ、それはまるで昼のようで、開校式の盛大な様は言い表すことができないほどすばらしく、「家族の悦ひ、予の名誉極りなしと云」(『日記』第二巻、二〇頁)という。柳町校舎の開校式が無事挙行され、跡見家一族のよろこびと花蹊自身の名誉はこのうえないと記されている。ここに、花蹊ならびに一族の願いが叶ったよろこびの心情が表出されて、この日の『日記』は結ばれている。

柳町校舎
跡見学園女子大学花蹊記念資料館所蔵

この柳町での開校式は花蹊の創設した学校の第二の開学ともいうべきものであり、その日付は現在の跡見学園創立記念日の一月八日とも一致する。

柳町新校舎での授業始めは、一月一三日であった。その後、『跡見花蹊日記』の記述は途絶え、現存する『日記』で記述が再び確認されるのは、翌年八月二一日からになる。新校舎での新しい日々は忙しく、筆まめな花蹊も運営に専念していたのであろうか。

ここに教育者としての花蹊の思いが結実し、花蹊の教育のあゆみも新たな局面を迎えた。

李子を養女に迎える

柳町新校舎が開学し、学校が新たな時代を迎えたこの時期、独身を貫く花蹊は養女を迎えた。花蹊の『日記』によれば、明治二二（一八八九）年九月二八日、「万里小路桃子、作姉小路公義養妹。於姉伯邸、有其式」（『日記』第二巻、二七頁）とあり、翌日の『日記』には「姉小路公義妹桃子、作花蹊養女、小西夫婦及び万里小路生母八重子同来。結親子契約、有其式、挙家歓喜ス」（『日記』第二巻、二七頁）とある。桃子は萬里小路李子。二八日に李子は、まず姉小路公義の養妹となり、続いて、翌日に花蹊の養女となっている。このとき、花蹊五十歳。節目の年を迎え、花蹊も将来のことを考えていたであろう。李子を無事養女に迎えることができ、花蹊のみならず一家を挙げて歓喜に浸っている。

李子は明治元（一八六八）年、萬里小路通房（一八四八〜一九三二年）と池田健蔵の娘八重子（一八五〇〜一八九七年）の間に、二女として生まれた。同母の姉に堀田正倫夫人となった伴子、妹に賀茂厳雄夫人となった東美子、酒井忠克夫人となった喜美子がいる。萬里小路家は、藤原北家冬嗣の六男良角の後裔で、甘露寺家より分かれた勧修寺流の公家であり、通房の父は皇太后宮大夫を努めた博房である。通房の弟公義は、姉小路公知の子として入籍された（霞会館華族家系大成編輯委員会編『平成新修旧華族家系大成』下巻、六五八〜六五九頁）。

萬里小路家と姉小路家は縁があり、花蹊の父が姉小路家に仕えていたことから、花蹊と萬里小路家との交流も生じたのであろう。詳細な事情は不明ながら、こうした縁を基盤とする花蹊の意向を受けて、李子は養女に迎えられた。

李子は跡見女学校に学び、雅号は花洲。前述のように、明治七(一八七四)年に花蹊の私塾に入門し、「跡見学校」開校当初の写真にも写っている。花蹊の『日記』には、明治二三(一八九〇)年四月六日に「全科卒業者、跡見桃子」(『日記』第二巻、四二一頁)とあり、この日李子は跡見女学校を卒業している。また、明治二五(一八九二)年一月一九日の記述には、「万里小路通房氏ヨリ桃子之籍送附シ来ル」(『日記』第二巻、六二三頁)と父の通房から戸籍が送られてきたことが記され、この時点で、戸籍上も正式に花蹊の養女となった。

通房の後妻杉本美子との間に生まれた娘寿美子も跡見女学校の卒業生であり、のちに李子追悼号の『汲泉』に「姉を憶ふ　御葬儀のことなど」という文章を寄稿している(『汲泉』第六号、八頁)。そこには、「姉妹とは云ふものの三十以上も違ふ私にとつては、九才からの育ての母であり、跡見に入学して卒業までの五年間は師でもあつた」とある。幼い頃は年の離れた姉を「跡見のおばあちゃん」と呼び、お菓子をねだり、跡見を出て上級学校へ行きたいという寿美子の希望も父の反対を説得して叶えてくれたことなど、李子の人柄を伝える文章が綴られている。その回想のなかで、李子が養女に迎えられた事情の一端についてもふれられている。

明治元年十月十八日京都御所内の公卿屋敷に生れ、当時の風習から洛北白川へ里子となつて育ち、後東京に移つた実家へ帰り有楽町の自宅から神田の跡見学校に通学、稚児髷の姉妹三人が人力で通つた往還の様もよく聞いた。その間故校長花蹊先生に嘱望され養女となる。父は始めこれを嫌ひ恩師の御心に副ひたいと希つた姉は叔父姉小路公義の養妹となつて跡見家に入つたと言ふ。大正十五年花蹊先生の長逝されるまでの永年、お師匠さん、李さんとお互ひの信頼に結ばれた様は子供心の自分にもハツキリと残つている。

（杉本寿美子『汲泉』第六号、八頁）

この回想によれば、李子が養女となったのは花蹊の強い希望による。しかし、父通房はそれを嫌った。それでも花蹊の意に沿うことを望んだ李子は、先ずは叔父姉小路公義の養女となり、それから跡見花蹊の養女に入ったという。李子の養女迎えは、花蹊の強い望みとそれに応えようとする李子の熱い思いによって実現した。実際、二人はその後の長い歳月を強く信頼しあいながら、ともに生きていた様子がうかがえる。跡見女学校も、この二人の強い絆によって支えられていた。

戸籍送附が確認できる明治二五年は、花蹊五十二歳。実子のない花蹊にとって、李子の養女迎えは、学校を存続させるためにも、花蹊の人生にとっても心強いことであったのは間違いない。

やがて、李子は、大正八（一九一九）年、花蹊が八十歳を機に校長を辞したのち、二代目校長に就任し、昭和三一（一九五六）年一二月一七日に没するまで、その生涯を跡見の経営と教育に献げることとなった。

第四節　さらなる充実をめざして

カリキュラム改革

柳町に移り、学校の規模も拡大し、明治二三（一八九〇）年四月一三日には卒業生の会である汲泉会の発会式が紅葉館で行われた。明治一九（一八八六）年には華族女学校も開校し、女子教育の発展する時期を迎え、あらたな学校のありかたがもとめられるようになる。花蹊みずから教鞭を執る書画を重んじ、豊かな教養を授ける花蹊の教育方針は変わらないが、歳月とともに跡見女学校の教育内容も見直しがなされていくことになる。

『日記』には、明治二五（一八九二）年三月七日の記述に「総ての学科改良ス」（『日記』第二巻、七四頁）とあり、明治二七（一八九四）年三月一六日には、「此度英学全廃ニ付、サンマース・カセ、レ、ン、工藤氏、教員解雇ス」（『日記』第二巻、二六九頁）、同三二（一八九九）年九月一一日には、「当校改正規則書成、千枚」（『日記』第二巻、五九九頁）とある。明治二五年以前のカリキュラムは現在のところ確認できないが、この明治二五年の改革が全学科にわたる大規模な改革であったのは明らかである。さらに、二年後の明治二七年には、英学全廃、また、明治三二年の改正に際しては、字数は不明ながら一〇〇〇枚にのぼる大がかりな改正規則書が作成されている。明治二〇年代半ばから三〇年代にかけて、カリキュラムの改革が盛んに進められていたことがうかがえる。

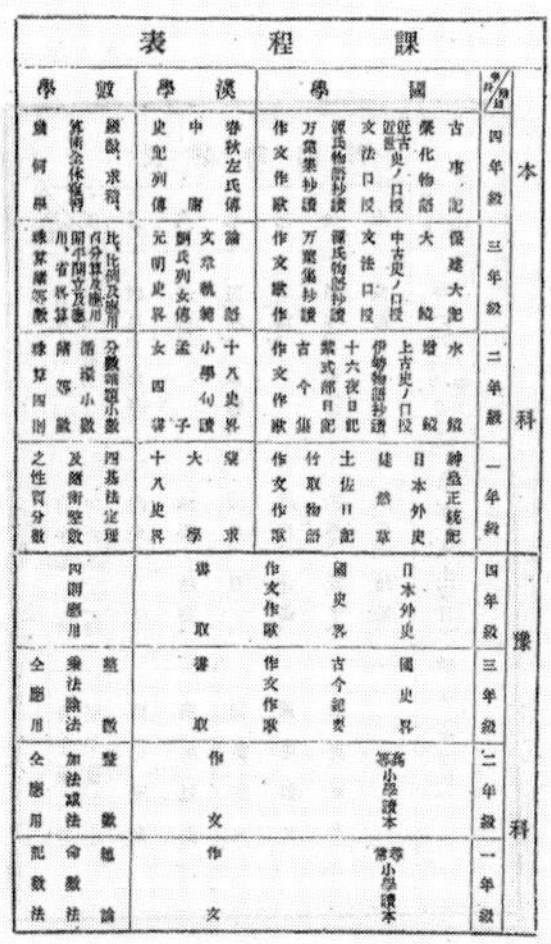

課程表

學年級		國學	漢學	數學
本科	四年級	古事記 榮花物語 近古史ノ口授 近世 文法口授 源氏物語抄讀 万葉集抄讀 作文作歌	春秋左氏傳 中庸 史記列傳	級數、求積、算術全体復習 幾何學
	三年級	保建大記 大鏡 中古史ノ口授 文法口授 源氏物語抄讀 万葉集抄讀 作文歌作	論語 文章軌範 劉氏列女傳 元明史略	比、比例及應用 百分算及應用 開平開立及應用、省略算 珠算乘除等數
	二年級	水鏡 増鏡 上古史ノ口授 伊勢物語抄讀 十六夜日記 紫式部日記 古今集 作文作歌	十八史略 小學句讀 孟子 女四書	分數循環小數 循環小數 諸等數 珠算四則
	一年級	神皇正統記 日本外史 徒然草 土佐日記 竹取物語 作文作歌	蒙求 大學 十八史略	四基法定理 及諸術整數 之性質分數
豫科	四年級	日本外史 國史略 作文作歌	書取	四則應用
	三年級	國史略 古今紀要 作文作歌	書取	整數 乘法除法 全應用
	二年級	高等小學讀本	作文	整數 加法減法 全應用
	一年級	尋常小學讀本	作文	總論 命數法 記數法

明治27年４月改正
私立跡見女学校規則
跡見学園女子大学図書館所蔵

授業時間表

週一	月	火	水	木	金	土
自午前八時至午前十時	英語學	英語學	英語學	英語學	英語學	英語學
自午前十時至正午十二時	習字漢學	習書漢學	習字漢學	習書漢學	習字漢學	習書漢學
自午後一時至午後四時	數學裁縫音樂	和學裁縫音樂	數學裁縫生花音樂	和學裁縫音樂	數學裁縫音樂	點茶

明治25年３月改正
私立跡見女学校規則
跡見学園女子大学図書館所蔵

花蹊の記述は端的であるが、この二五年と二七年に改正された私立跡見女学校規則は確認でき、それぞれ授業時間表（上図版参照）が付されている。明治二五年は午後の授業が一時から四時までと長いのだが、それぞれ一日を限に分けて学科目を配し、明治二五年には英語を重視しているのに対し、明治二七年には国史国文に力を入れているのが一目瞭然である。花蹊の「此度英学全廃」とは、まさにこの改革をさしている。

学外の動向に目を向ければ、この時期は、明治五（一八七二）年八月二日の学制頒布から歳月が経過し、女子教育に関する諸規定が次々と出された時期にあたる。その主要事項を私にあげてみると次のとおりである。

明治二十四年十二月十四日　中学校令中改正（尋常中学校の一種として女学校を認める）
明治二十六年七月二十二日　女子教育ニ関スル件
明治二十八年一月二十九日　高等女学校規程
明治二十八年　三月二十日　高等女学校規程ニ関スル説明
明治三十二年　二月八日　高等女学校令
二月九日　高等女学校編制及設備規則
二月二十一日　高等女学校ノ学課及其程度ニ関スル件
三月三十一日　高等女学校教員ニ関スル件
四月六日　師範学校中学校及高等女学校建築準則
明治三十四年三月二十二日　高等女学校令施行規則
明治三十六年　三月九日　高等女学校教授要目
明治四十三年十月二十六日　高等女学校令中改正（実科女学校を設置）
（文部省編『学制百年史』、教育史編纂会編『明治以降教育制度発達史』第四・五巻より筆者作成）

明治二四（一八九一）年に尋常中学校の一種として女学校が認められてから、女子教育に関する規則が相次いで定められ、明治二八（一八九五）年に高等女学校規程が出されてからは、その詳細についての規則が続々と出され、明治三二年二月八日に高等女学校令が出されている。花蹊が記した明治二五年ならびに二七年の改革は、女子教育が制度化されていくその初期にあたり、明治三二年九月は高等女学校令からほぼ半年後にあたる。跡見女学校は高等女学校とは一線を画し、高等女学校になるのは、実に昭和一九（一九四四）年までくだるのだが、開校から十数年の歳月が経過し、小石川柳町に新校舎を構え、それを自身の名誉とまで表し書き付けた花蹊が、独自の路線を選び取りつつも、時代の機運のなかで、その潮流を汲みながら教学を急速に整備しようとしていたことを、端的な『日記』記述からうかがうことができるのである。

重視する教科が英語学から国史国文へと変わるこの二七年のカリキュラム改正の理由を時代背景にもとめれば、明治二七年八月一日の日清戦争開戦に思い至る。戦争に至る機運のなかで、自国文化への回帰が思考された可能性は考えやすい。同時に、花蹊の『日記』記述をたどれば、この改正に際して、落合直文（一八六一～一九〇三）が関わっていたようである。落合直文は、伊勢の神宮教院を経て東京大学古典講習科第一期生として入学。徴兵、除隊ののち、明治二一（一八八八）年に皇典講究所の教師となり、明治二三年には皇典講究所に設立された國學院の講師となる。明治二一年二月『東洋学会雑誌』に「孝女白菊の歌」を発表、森鷗外らとの交流もあり訳詩集『於母影』に加わり、明治二二（一八八九）年一〇月からの『しがらみ草紙』発行にも参加、明治二六（一八九三）年二月には浅香社を設立している。『日記』の記述によれば、まさにこの明治二六年の九月六日に、「落合直文、和文学教授嘱託ス」（『日記』第二巻、二二〇頁）、九月一三日には、「落合直文、校則之件ニ付、種ヽ協議ス」（『日記』第二巻、二二二頁）とあり、活動の盛んな落合直文を、花蹊はこのとき、跡見女学校の嘱託として雇用しているのである。この「協議」の内容を花蹊は記してはいないが、落合直文は、前年明治二五年一月の「明治の清紫」と題する文章で、「この国文学さかりなる時代にあたりて、清紫その人の出でざるは、必すその原因のあることならむ。その原因とはいかに。女子社会のまよひなり。女子社会の学術撰択のまよひなり。英語はやれは、それに手を出し、仏語はやれは、そを口にし、漢文学に、国文学に、その心、常に一ならざればなり。（中略）おのれは今の女子に望むに国文学を以てす。国文学は優美なり。女子には適当なり。女子には、学びやすく、さとりやすきなり。言をかへて言えば、国文学はふるくより女子の長所とするところなり。優美を徳とする女子にして、この優美なる国文学に力を用ゐれば、啻に女子の品位を高うするのみならず、啻に女子その人の娯楽のみならず、それに伴ふところの幸福実にいふべからざるものあらむ」（落合秀男編『落合直文著作集』一、三八三～一、三八四頁）と述べている。こうした考えの持ち主である直文と花蹊が協議した際にも、同じ趣旨を進言していたと推測される。花蹊と親交のあった落合直文のこの進言が大きく働き、二七年のカリキュラム改正がなされたものと思われる。

『日記』のような一次資料とは異なるが、同窓会誌『汲泉』第四二号（大正四年三月）の「回顧四十年史」には、明治三三（一九〇〇）年、三四（一九〇一）年、三五（一九〇二）年、三六（一九〇三）年、三九（一九〇六）年に、それぞれ学科目改革が記されており、これらを補助資料とすれば、この時期に頻繁に改正がなされていたことがわかる。

自身の学んだ儒学に根ざしつつ書画を重んじて上流の子女たちの育成に励んできた花蹊は、一方で、時代の動向をみつめつつ、よりよい学校のあり方をもとめて模索を重ねていたようである。

「財団法人跡見女学校」となる

女子教育が発展期を迎える明治三〇年代以降、跡見では教育内容の改正が重ねられる一方で、花蹊は学校そのものの改革にも着手している。花蹊の『日記』によれば、明治四〇（一九〇七）年一一月二五日に、上野精養軒で跡見女学校改革のための集会を催している。発起人及び委員八名出席で、座長は千家尊福男が努め、趣意書についての説明演説を島田三郎が行い、満場一致で承認された。一一月二九日には、学校拡張発起者を招いている。『日記』に記される名は、安田輝子、田村長子、星野花子、美野《（濃）》部姑子、千家信子、江副静子、志賀鉄千代であり、寄付金募集についての相談をしている（『日記』第三巻、三三二～三三三頁）。翌明治四一（一九〇八）年一一月にもたびたび学校の件についての記述があり、一七日には常務員集会、二六日には午後二時より発起者が集まっている（『日記』第三巻、四〇三～四〇五頁）。跡見女学校は、大正二（一九一三）年に財団法人跡見女学校となっており、財団法人化に向けての協議等がなされたのであろう。これらは、断片的に残されている『李子日記』でも言及されており、そちらがより詳細な様子を伝えている。明治四一年一一月一一日には、「此日午後六時より財団法人の件に付常務委員角田氏、浦氏、今津氏、橋本氏、宮原氏の五名、種〻此後の方針に付協議せらる」（『日記』別巻、二七九頁）、一三日には「此夜、橋本太吉君、宮原六之助君の二氏来訪せられて、此回の財団法人の事に付総ての余《（予）》算案の下しらべをせらる。わか《（我が）》心願の為冥加をおもひて、

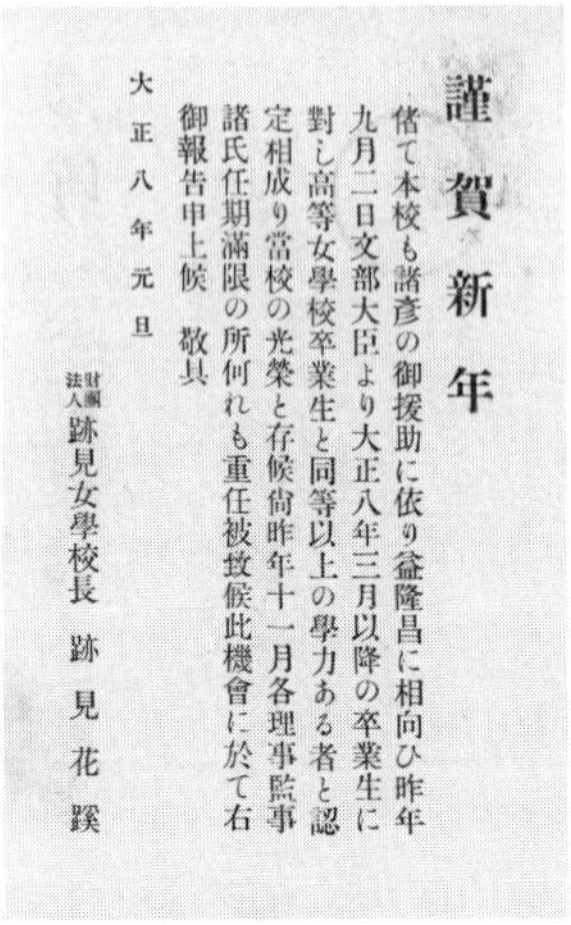
謹賀新年

偖て本校も諸彦の御援助に依り益隆昌に相向ひ昨年九月二日文部大臣より大正八年三月以降の卒業生に對し高等女學校卒業生と同等以上の學力ある者と認定相成り當校の光榮と存候尚昨年十一月各理事監事諸氏任期滿限の所何れも重任被致候此機會に於て右御報告申上候　敬具

大正八年元旦

財團法人跡見女學校長　跡見花蹊

年賀状（大正８年正月）
跡見学園女子大学図書館所蔵

此日より日のうちの一食を減じてさきにおくる」（『日記』別巻、二七九頁）、一七日には「午後六時より常務委員集会」（『日記』別巻、二八〇頁）、花蹊の『日記』に二六日と記されていた発起人会は、二七日に「再び発起人会を開く」（『日記』別巻、二八一頁）とある。李子の記述によれば、財団法人とあるのは李子の「心願」であり、それを達成させるために李子は一食を減らしてまで心血を注いでいたらしい。花蹊・李子のこれらの記述から、この時期に財団法人設立に向けての活発な動きがあり、外部の有力者を複数招いて、予算など実務面での目配りもしつつ準備を進めていたことがわかる。

こうして、新しい時代を迎えた大正二年一一月二二日に、念願の「財団法人跡見女学校」認可となったのである。教育者であるとともに経営者でもある花蹊の喜びがあろう。

さらにその後、花蹊の跡見女学校は、高等女学校と同等と認められるようになった。明治三二年に高等女学校令が公布されたのちもそれによらず、独自のカリキュラムを重視する姿勢を貫いていたが、歳月の流れとともに上級学校進学にも支障が生じないよう、大正六（一九一七）年三月に修業四年の高等女学校卒業者と同等の学力を有すると認めるよう文部大臣に願い出て、大正七（一九一八）年に認可された。

跡見女学校は名実ともに時代にふさわしいかたちを整え、花蹊の学校はますます発展していく。

第四章　生涯と功績と

第一節　晩年の慶祝

古稀記念祝賀会

創立からの歳月を重ねて、多くの卒業生を輩出する跡見女学校の評価が定着し、教育者としての花蹊は内外から広く讃えられる時期を迎える。

明治四二（一九〇九）年、花蹊は古稀を迎えた。折しも、この年は「跡見学校」開校から三十五周年にあたり、学校にとっても花蹊自身にとっても重ねてめでたい年となった。

五月九日、日本橋倶楽部において、跡見花蹊女史古稀と創立三十五年の祝賀会が開催された。花蹊の『日記』には、このときの様子がつぶさに記されている（『日記』第三巻、四五八～四五九頁）。その記述をたどれば、この日、花蹊は午前九時に日本橋倶楽部に行った。門前に大国旗と桜紋とを交叉し、周囲には紅白の幔幕がうち巡らされ、男子は洋館に女子は階上階下の日本座敷の大広間として、庭に式場を設営している。午後一時三〇分に式が始まり、開会の演説のあと花蹊の式辞があり、職員総代で大和田建樹の祝辞、来られなかった渋沢氏に代わり角田氏の代読、三宅花圃の演説、続いて堀田伴子が記念品贈呈、大隈重信の演説という次第であった。花蹊の答辞ののち、跡見女学校の万歳と花蹊の万歳が三唱され、閑院宮妃殿下の唱歌を生徒一同が祝って歌ったという。式のあとは園遊会に移り、模擬店には、寿司、そば、サイダー、宝煎餅、団子、甘酒、柏餅、薄茶室、ビヤホール、雀焼きなどがあり、女生徒の接待は一五〇人、みな一生懸命に働いたとある。その様子を花蹊は、「美くしき令夫人、令嬢のみにて、ハイカラハ一人もないが当校の特色也」（『日記』第三巻、四五八頁）と記している。明治四〇年代に入ったこの時期であっても、花蹊は「ハイカラ」を好まない。当世風に走らぬありかたが、跡見女学校に学ぶ生徒たちの特徴にもなっていたようである。その後、二時三〇分より余興になり、囃子、能「猩々」の上演、長唄「賤機帯」、清国人による「天一」、英国人による「三国同盟」という手品なども種々披露され、「道成寺」でお開きとなり、五時半散会した。来会者は「千有余人」、「実に盛也と云へし」（『日記』第三巻、四五九頁）と結ばれるほどの盛大な催しであった。

『汲泉』第一三号（一一一頁）によれば、花蹊古稀を祝う記念品として、五月九日に校友会ならびに学校から桐の書棚、紫檀の高卓、出身者有志から秋草模様蒔絵硯箱が贈呈され、泉会から十八金時計鎖、厚徳会から夜具が寄贈された。

古稀祝賀会の大隈重信
跡見学園女子大学花蹊記念資料館所蔵

この時の大隈重信の演説が、『汲泉』同号に再録されており、そのなかで大隈は次のように述べている。

私の考には、花蹊女史は堅固なる志操を以て徐々と歩を進められ、或点から言へば保守主義の、頑固なる気象の教育家と思はれた時代もあらう、確に世に所謂ハイカラ主義と異つた教育方法であつた。此精神が当時の女子教育に反対する風潮を排して着実なる方針となり、他の一面には女子に必要なる優美の気象を、其独特の美術の手腕によつて学生に備へられたと思ふ。絵画の如きは温柔静淑なる女子の性質を薫陶するに極めて有力であると信ずる、是等の点は花蹊女史の特長にして、又学校の長所と考へる。

（大隈重信「三十年来の知友」『汲泉』一、十三号、二頁）

大隈は、花蹊は頑固なまでに保守的な教育家と思われた時代もあろう、それは「ハイカラ」とは異なる教育が当時の女子教育に反対する風潮を抑えて着実な方針となり、女子に必要な優美な気性を独自の美術の手腕により授けた、美術は女子の穏やかで品位ある人格を養うのに極めて効果的であると信じる、それらの点は花蹊の長所であるとともに跡見女学校の長所でもあると考える、という。これは、幼い日から学んだ儒学の教養にもとづき、むしろ保守的ともみなせる教育を貫き、優美で品格ある女性の育成を美術を重んじる独自の教育によって成し遂げた、花蹊の特徴を言い当てている。それは、同時に跡見女学校、ひいてはそこに学び育つ女性たちの特徴でもあると指摘している。

女子教育に身を捧げ、独自の方針を貫いた花蹊の七十年に、内外から惜しみない祝福が寄せられた。

勲六等宝冠章を授与される

女子教育における花蹊の長年の功績は、外部から褒賞というかたちで広く讃えられていく。

明治四五（一九一二）年七月七日、花蹊は勲六等宝冠章を授与された。当日の『日記』には、「突然文部省より叙勲ニ相成ニ付、礼服着用、即刻出頭申来る」（『日記』第三巻、七五六頁）と記されており、花蹊自身、突然の叙勲の知らせに、驚いている様子がうかがえる。礼服を着用して即刻来るようにという通達どおり、花蹊は午後三時前に文部省へ行き、「文部大臣長谷場君」をはじめ、次官その他十人ばかり立ち並ぶなか、大臣より多年の功労によって勲六等宝冠章を授けられた。帰宅すると新聞記者が待ち受けており、その七、八名と会い、夜にも記者が来た。翌日は、朝の散歩や課業はいつもどおりに行っているが、祝賀の客が続々と訪れ、電報の祝詞は「飛来る」（『日記』第三巻、七五六頁）とあるように、終日来客などの応対に追われている。花蹊は、九日に宮内省、一〇日には総理大臣、文部大臣官邸にお礼の挨拶にうかがっている。

勲六等宝冠章
跡見学園女子大学花蹊記念資料館所蔵

　こうした栄誉に浴した花蹊を讃える祝賀の催しも、当初予定されていたらしい。一二日の『日記』によれば、午後四時から寄宿舎に、角田氏、島田氏、増田氏そのほか発起人婦人たちが集まり、話し合いがなされている。祝賀会は暑い時期であるため秋まで延ばすことという話になったが、それよりは米価高騰のときであり、小石川の貧しき人々に施米をした方がよいという案も出て、まず区長と相談し、生活の窮乏している者が一七〇〇名と聞き、一軒につき二升を施すことに決め、印刷の文面も島田、角田両氏に頼むことを決定したとある（『日記』第三巻、七五七頁）。七月一四日の『日記』に「愈明日より福分米取扱ふ事」（『日記』第三巻、七五七頁）と記され、翌一五日から施米を実施したことがわかる。

　花蹊の勲六等宝冠章は、花蹊自身にとっても跡見女学校にとっても、大変な名誉であったに違いない。それにもかかわらず、暑さ厳しい時節とはいえ、地元の生活に窮する区民に還元することを選び、すぐに実施されたことは、特筆に値しよう。

花蹊周辺には祝賀気分の色濃くただようこの時期であったが、当月三〇日に明治天皇崩御、大正に改元となり、社会情勢が大きく変わっていくことになった。そうした世の中の動きを受け、八月一日には学校でも式場に幕を張り屏風を立てて御霊幣を供え、生徒を集めて校長みずから話をしている。九月一四日の『日記』には号外で乃木大将殉死の報を見て驚いたことが記され、記述は自身の祝賀から変容する時代に費やされていく。

喜寿の祝賀から校長退任へ

大正五（一九一六）年は、花蹊の喜寿であった。このたびの催しとしては、祝賀のバザーが計画された。

三月二〇日の『日記』には、この日閑院宮に参り、花蹊の喜寿の祝いに祝賀のバザーを催すことを奏上し（『日記』第四巻、一七七～一七八頁）、四月二一日、祝賀バザーの書状ができあがったことが記されている（『日記』第四巻、一八四頁）。この年の五月の『日記』はなく、花蹊自身の記述は確認できないが、『汲泉』第四七号掲載「花蹊先生喜齢祝賀会概況」「喜齢祝賀記念慈善市」（一二二～一二七頁）によれば、喜寿の祝賀会は大正五年五月八日に行われ、その後、九日から一一日まで三日間にわたりバザーが催された。五日の午後から授業を休止して準備に入り、八日に学校と校友会が校長であり会長である花蹊の喜寿を祝し、兼ねて画像披露の儀式を挙行した。式場は大講堂。午前九時開会、六六〇余名の在校生徒が白襟紋付きの正装で場内に入り、交友会員は一五〇余名、司会は齋藤仁子。唱歌のあと、校友会総代堀田伴子、教職員総代、及び在学生総代秋元まつ子の祝辞、その後約三〇分にわたり、花蹊は自分が女子教育に一身を委ねてきたあゆみを説き、将来の希望と覚悟とに及び、最後に一段と声を高めて、自分は身命をこの学校に献げて奮闘努力し全うする決心であると「勇猛精進の決意」（一二二頁）を示したという。その後、理事角田真平が祝辞演説、さらに学監李子が謝辞を述べ、万歳のうちにお開きとなったとある。式は午前中に終わり、その後は翌日のバザーの準備にとりかかった。

バザー初日の九日は午前八時から午後四時までに一五〇〇人を超える好況で売り切れ品切れが相次ぎ、翌日も正午頃には物品払底となり、花蹊はもとより李子、跡見泰などが卒業生、上級生五、六人とともに汗水流し、団扇に揮毫したという。午後は漆器陶器の寿品も残り少なくなるほどの売れ行きであったため、やむなく予約法を採ったとある。食堂も盛況で、万国旗の翻る天幕の下、絶えず来客があり、飛ぶように売れた一番はお汁粉、次がサイダー玉子、また寿司屋も種切れであったという。三日目には、吉岡弥生、嘉悦孝子、鳩山春子なども来校している。この日午後二時より慰労会が催され、三越少年音楽隊のオーケストラ数番と池村あか連中の手踊舞曲等が披露された。「空前の盛会なり」（一二七頁）と表されるこの催しは、この日午後五時過ぎに閉場した。

この時の売り上げの純益金四一〇〇円が花蹊に呈上され、花蹊はそのなかから二〇〇〇円を喜寿祝

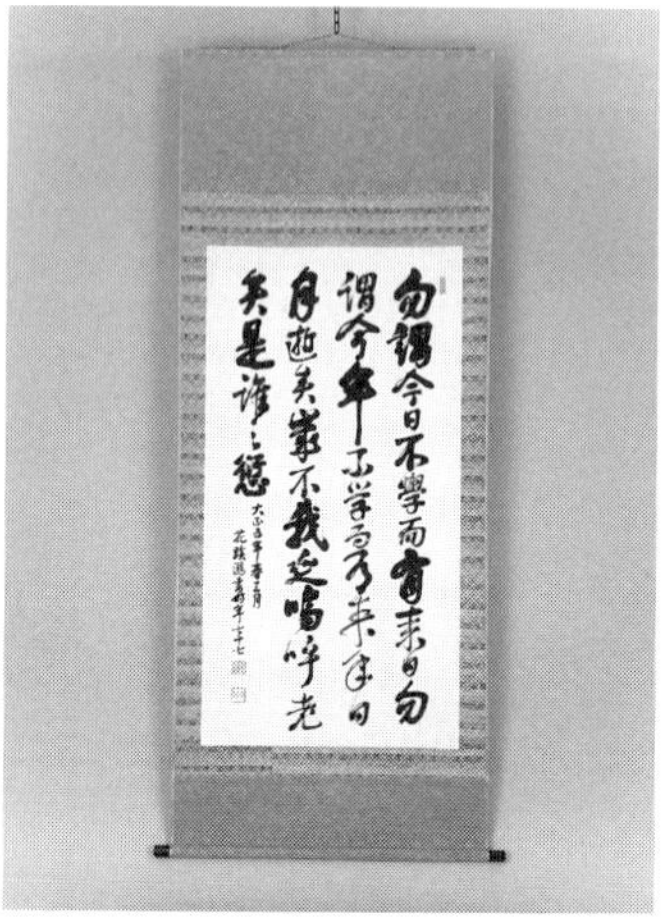

朱文公勧学文
跡見学園女子大学花蹊記念資料館所蔵

賀記念として学校基本金中に寄付した。また、五月八日祝賀会催しの際に喜寿記念の手帳を柳町小学校及び花蹊出生地の大阪木津小学校生徒一同へ寄贈している。

この年の歌が残されている。

七十七になりたる年に
よろこびは身にこそあまれ七十ぢにあまる
なゝ草摘みはやしつゝ
（跡見李子編『花の雫』、六九頁）

喜寿を迎えた花蹊は、その喜びを身に余る喜びと詠む。老境に入り、しあわせな花蹊がいる。

花蹊喜寿の歳末、『日記』には「本年も元朝より身体大健全、薬其外医師にも一度もかゝらす、心身共に大快活、何も申分なく、収入も余《（予）》想外にて、有かたし共有かたし。先今年もめて《（目出）》度送りたり。あなかしこ」とある。花蹊は、喜寿を迎えてなお丈夫な体に恵まれ、また収入にも恵まれていた。それをありがたい、無事に一年を送れたことをめでたいと記し、感謝の念で一年の記述を結んでいる。

この喜寿の年の書作品「朱文公勧学文」が大学に所蔵されている。「大正五年春三月」とあるその書は、なお強い筆致で学ぶことを勧めるもので、花蹊の代表作の一つである。

謂ふ勿れ　今日学ばずして来日有りと。
謂ふ勿れ　今年学ばずして来年有りと。
日月逝けり、歳我に延びず。嗚呼老いたり、是れ誰の愆。
大正五年春三月　花蹊瀧書　時年七十七
（訓読は「Ⅱ編　花蹊の書」『跡見花蹊の名品収蔵品目録新シリーズ二〇一四』、一七頁による）

今日学ばずして明日があるといってはいけない。今年学ばずして来年があるといってはいけない。月日はあっという間に過ぎさるが歳月が私を延ばすことはない。ああ、私は老いてしまった、これは誰のあやまりであろうか。朱熹の述懐の文に自身の生涯を重ねて花蹊が書いた作品である。ここに、喜寿を迎えた花蹊が大切にしてきたことばと、自身の生涯を顧みての思いが表されている。

年明けて大正六（一九一七）年。正月元旦の『日記』には、朝五時に起きて「天地神明に拝し祖先仏前を拝み、本日より例とす。小石川に学校を移してより年〻学校にて式を致せしか、本年よりわか住宅にて椒酒、雑煮を祝ふ」（『日記』第四巻、二三五頁）とある。天地神明ならびに祖先仏前を拝む、という姿勢に、老境に入り信仰を強める花蹊の様子がうかがえよう。また、小石川移転以降、毎年学校にて執り行ってきた式をやめ、この年から花蹊宅に変更しているのも、無事に喜寿の一年を終えて、新たな年を迎えた花蹊の都合によるものであろうか。

さらに二年後の大正八（一九一九）年、花蹊は傘寿を迎えた。そして、この年の一月、花蹊はみずからの手で開校した跡見女学校の校長職を退いた。

同月二七日に、午後三時より花蹊宅で理事会が開催されている。当日の『日記』には「協議案」として、「校長ノ齢八十ニ達セラレタル祝賀会之件」「校長退隠、李子校長ニ襲職之件」（『日記』第四巻、三八七頁）と記されている。この日の理事会で花蹊の退任と養女李子の新校長就任が協議され、了承されたのである。八十歳を機に、花蹊は長年つとめた跡見女学校校長の職を退くことが決定した。明治八（一八七五）年に三十六歳で学校を設立して以来、四十五周年を迎えたこの時まで、校長として女子教育に身を捧げてきた花蹊の生涯に、ここで一区切りがつけられることになった。二代目校長は、花蹊が養女に迎え信頼する李子である。李子を校長にする件は、「私立跡見女学校創立者　財団法人私立跡見女学校理事跡見花蹊」の名により同年三月六日付で申請され、四月一日付で認可された（『日記』第四巻、三九七頁）。

花蹊は三月末日をもって校長を退き、多くの校友たちに慕われながら書画に勤しみつつ、学校を見守る名誉校長へと軸足を移した。

傘寿を詠んだ花蹊の歌も残されている。

八十をむかへて

この阪をこの阪をとて杖の数八十ぢあまりを踏み登りけり
（跡見李子編『花の雫』、六九頁）

目の前の坂を登る日々を重ね、いつの間にか八十歳にも達した花蹊の感慨がうかがわれよう。ちょうどこの年に書かれた「八十自壽詩」は、花蹊の代表的な書作品のひとつでもある。


手に金巵を把り喜びを禁ぜず。

五千の弟子漸く林を成す。

老来自ら哂う猶ほ勤苦するを。

又是れ園葵日に向かうの心。

　大正八年第一月　八十自壽　花蹊女史
（訓読は「Ⅱ編　花蹊の書」『跡見花蹊の名品収蔵品目録新シリーズ二〇一四』、一九頁による）


手に金の杯をとれば喜びがこみあげてくる、五千の弟子は漸く林を成すように大勢となった、年老いてもなお勤苦することを自ら笑う、またこれは園葵が日の光に向かう心と同じである、という

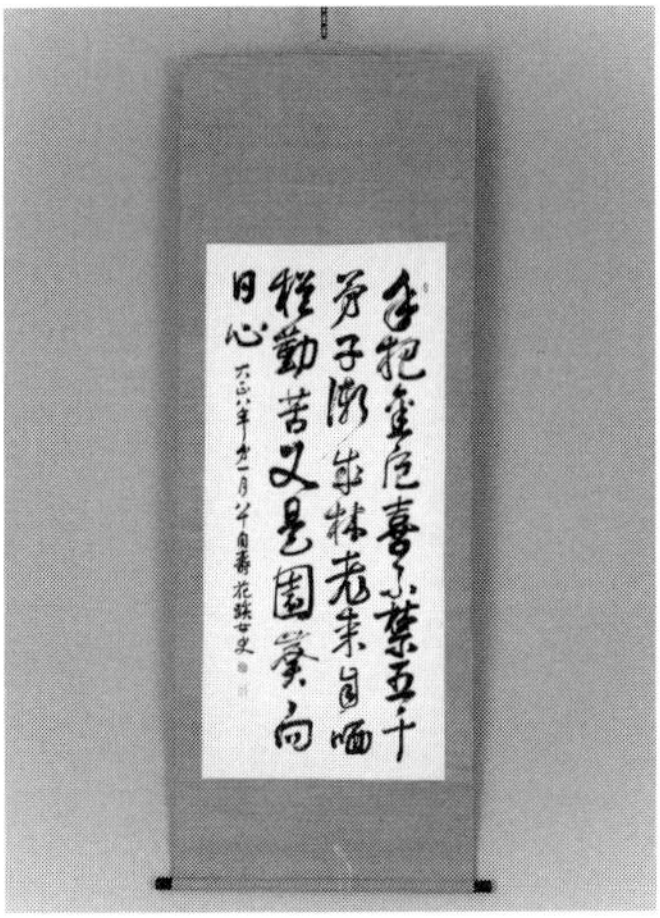

八十自壽詩
跡見学園女子大学花蹊記念資料館所蔵

意。花蹊が教えてきた生徒たちはいつの間にか五〇〇〇人にもなり、教育に身を捧げた日々を思っている。そして、老いてなお、励もうとする我が身を自ら笑いつつ、それは園葵が太陽の光に向かうのと同じであるという。花蹊は、半生を捧げた校長職を退くこの時にあって、なお足を止めることなく、さらに精進しようとする。一人の人として、常に励み続ける花蹊の姿勢が表されていよう。

第二節　教育功労者として

花蹊表彰と白子の地

大正一一（一九二二）年、八十三歳の花蹊は、一〇月三〇日、学制頒布五十年記念祝典で教育功労者として表彰された。『日記』によれば、九時に大学校正門より自動車で入り、式場に向かった。式次第の記される末尾に表彰のことがあり、東京市より表彰、銀製の紋章入り御杯、文部省より銀のコップ、金のメタル、学制頒布五十年史一本を文部省より賜ったという（『日記』第四巻、六一一～六一二頁）。

『日記』には記されない花蹊表彰の詳細を大塚久編『跡見女学校五十年史』から補ってみると、大正一一（一九二二）年一〇月三〇日に東京帝国大学で行われた記念式で学制頒布以来教育事業に従事した者一三〇余名を表彰し、花蹊もその一人として、前掲『日記』本文にあったように摂政宮（昭和天皇）恩賜の銀杯、文部大臣から金牌と銀製カップ及び表彰状を受けている。表彰状の内容は、『跡見女学校五十年史』によれば、文部大臣鎌田栄吉の名で、「多年教育ノ事ニ当リ其ノ功労尠カラズ学制頒布五十年記念祝典ニ際シ茲ニ之ヲ表彰ス」（一五八頁）という文面である。この表彰に次いで、東京市教育委員会でも花蹊と跡見女学校の主事大東重善が表彰を受けたことを記し、さらに『跡見女学校五十年史』は次のように述べる。

花蹊先生の此の名誉を記念する為に、一木喜徳郎、井上角五郎、石渡敏一、河井彌八の四君が首唱し、更に在校生父兄の有志者多数が発起者となつて、次のやうな事業を計画せられた。

それは、

交通便利の郊外地千坪内外を購入して遊園地を設置し、花園野菜畑其の他行楽趣味に適したる設備を為し以て花蹊先生表彰記念として校友生徒と共に娯楽せらるゝの用に供するものとす。

此の方針で父兄校友の賛助を求め、埼玉県下白子村に約四千五百坪の地を購入した。白子不動上の丘陵で見晴のよい地所である。（大塚久編『跡見女学校五十年史』、一五九頁）

これによれば、花蹊の表彰という名誉を記念して、四氏と在校生父兄有志が発起人となり、交通の便利な郊外の地一〇〇〇坪内外を購入して花や野菜の栽培、その他行楽趣味などに適した設備を備えて、交友生徒とともに楽しめる場所を提供することを発案している。「遊園地」設置計画である。こ

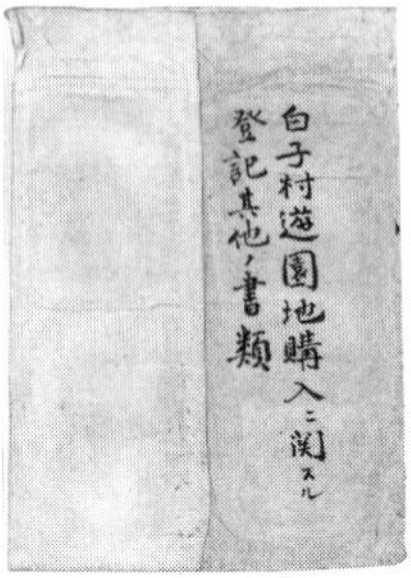

白子村遊園地購入ニ関スル
登記其他ノ書類

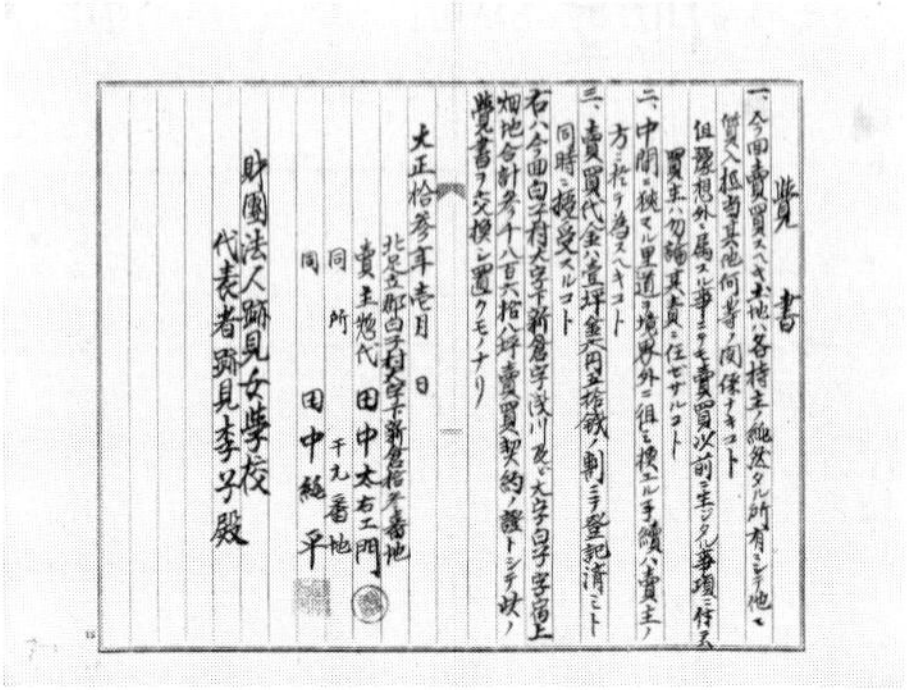

覚書
一、今回売買スヘキ土地ハ各持主ノ純然タル所有ニシテ他ヘ
質入抵当其他何等ノ関係ナキコト
但シ予想外ニ属スル事ニテモ売買以前ニ生ジタル事項ニ付テハ
買主ハ勿論其責ニ任セサルコト
二、中間ニ狭マル里道ハ境界外ニ徂ミ換エル手続ハ売主ノ
方ニ於テ為スヘキコト
三、売買代金ハ壱坪金六円五拾銭ノ割ニテ登記済ミト
同時ニ授受スルコト
右ハ今回白子村大字下新倉字浅川及ビ大字白子字富上
畑地合計参千八百六拾八坪売買契約ノ證トシテ此ノ
覚書ヲ交換シ置クモノナリ
大正拾参年壱月　日
北足立郡白子村大字下新倉拾弐番地
売主惣代　田中太右エ門
同所　千丸番地
同　田中総平
財団法人跡見女学校
代表者跡見李子殿

白子に関わる文書
跡見学園女子大学花蹊記念資料館所蔵

こで選ばれたのが白子（現埼玉県和光市）であり、約四五〇〇坪の地が購入されたとする。

のちの校友会誌『汲泉』第一三号の飯野保「白子農園について」には「花蹊先生の慰安所を求めてさしあげることに衆議一決して」とあるが、『跡見女学校五十年史』の記述からすれば、隠棲の地ではなく、校友生徒とともに楽しめる場所としての積極的な利用である。大正一三年（一九二四）一月一六日にその登記が行われ、財団法人跡見女学校宛の土地の契約に関する各種の書類が残されている。『日記』にも関連する記述が確認される（『日記』第四巻、六九七〜六九九頁）。それをたどれば、大正一三年一月一七日に、小林鐘吉が来て、前日に白子の登記をし、白子郡長はじめ大喜びで、入手した土地に植物、杉や桐、桜もすべて寄付したいという申し出があったと聞き、花蹊は感涙にむせんだという。花蹊や李子が初めて白子へ行ったのは一月二〇日で、巣鴨から板橋を通る道筋で向かい、この間二五分とある。白子村の「尾張や」に着き大勢の歓迎を受け、寄付される樹木の目録には、「二木の松をはしめ杉苗千本と云、或ハ梅、桜、楓、桐」などたくさんで「何たる嬉しき事なる哉」と記す。昼ご飯のあと、現地を訪れた花蹊は、東は荒川、西は富士山、南は東京、北は秩父連山や白嶺、日光が見え、「四方の眺望佳良なり」と表している。この六日後にも李子とともに白子へ赴き、東宮（昭和天皇）成婚記念としてここに松を植樹し、李子が揮毫し、新倉の地にちなんで「新見の松」と名づけたとする。このときに花蹊が詠んだ歌が残されている。

　学制頒布五十年記念に際して賞状を贈られし時生徒の父兄方また交友有志より白子の里なる
　新美に遊園地を贈られければ
生ひ初むる白子の里のをしへ草やまとにしきの花よさかなむ
けふこゝに萌え出でそめて教草花さく庭に来ても遊ばむ
（跡見李子編『花の雫』、七一頁）

歌に詠み込まれる「白子の里のをしへ草」「教草」という言葉に、この地を贈られた教育者花蹊の喜びが表される。

また、松を植樹した時の一連の歌も残されている。

　同じところに記念の松を植ゑける日
けふ植ゑし新美の松よ日の御子のちよにならひて千代もさかえむ

植ゑそめし新美の松のいちじろくさかえゆくべく雪のかゝれる
しら雪の光もそひて学びやの栄をしめすふた本の松
皆人の清き心もあらはれて新美の松にかゝるしら雪
三熊野の神のこゝろにかなふらむ新美の松のけさのしら雪

（跡見李子編『花の雫』、七一〜七二頁）

植えた松のめでたさによそえて行く末のますますの繁栄を祈り、皆に感謝する心が歌に表わされていよう。「新美の松」は、一月二六日の日記に記される皇太子（昭和天皇）の成婚記念に植え、「新美」と名づけた松である。

甲子一月廿六日御成婚記念に松を植ゑて
いのるかないもせの松をけふ植ゑてわが日のみ子の千代にならへと
いもとせの二木の松の行くすゑをおもふも嬉しちよのはつ春

（跡見李子編『花の雫』、五九〜六〇頁）

「甲子」は大正一三年。白子の地に植えた松は、長き世を祈る意をこめる和歌のことばの伝統にのっとっており、花蹊の詠歌もそれにちなむ。

同年二月の花蹊の『日記』には、白子の詳細が記されている。二月三日の記述には、「わか学制頒布五十年教育の記念に花園をと御尽力下されたる御陰にて」(『日記』第四巻、七〇〇頁)と学制五十年記念に功労者として表彰されたことを祝って贈られたことがあり、北足立郡にある新倉の地を入手したので委員が来校し、報告をしている。そのなかに「場所、埼玉県北足立郡白子村、面積三千九百三十二坪」(『日記』第四巻、七〇〇頁)と記されている。

また、三月二七日の『日記』には、「光明皇后、大正十五年にて一千五百五十年に相当すると云。新地なる新美《(倉)》の地所に光明皇后の石像を安置する事」とあり、その準備に今から勤しむとする(『日記』第四巻、七〇九頁)。

この白子という地は、若き日の花蹊の『日記』にも記されている土地であった。明治一九(一八八六)年九月一三日に、花蹊一行は川越街道の白子に赴き、昼食後、そこからさらに吹上観音に行っている。そこは眺望が大変よく、隅田川に浮かぶ白帆がみな眼下によく見えると記している。さらに、花蹊はこの地を気に入り、別荘を新設したいと思い、建築を命じている。花蹊は、のちに贈られた白子の地から二キロにも満たないこの地が気に入り、避暑別荘の建築を命じたようである。

花蹊四七歳の記述と、学制頒布五十年記念の表彰を祝して八十五歳で贈られた土地との関連は不明と言わざるを得ない。しかし、偶然にせよ、若き日に気に入っていたらしい郊外の場所にほど近い土地が、この時晩年の花蹊に贈られたのである。

この白子の地は、その後、遠足などの校外学習の校地として、戦前戦後を通じて活用された。さらには、それが、昭和三九（一九六四）年の東京オリンピックの際に道路建設のために供出され、その代替地となる現在の新座キャンパスを新しい校地として、昭和四〇（一九六五）年の女子大学開学に至るのである。

関東大震災を経て

晴れやかな表彰の翌年、そして白子の地取得の数か月前に、世の中は未曾有の大災害に見舞われた。関東大震災である。

大正一二（一九二三）年九月一日、関東地方に大震災が起こった。この日の『日記』には、「十二時、此時俄然震災、いつもの如く落付たるに、わか《我が》体にみな付繰《纏》ひ」「みなに此時、如来に御助けを受るのて一同御念仏する」（『日記』第四巻、六六七頁）とある。少しおさまったときに、庭に出て大赤樫の根元により避難している。続く記述には、「大震度ゝ、学校表大門倒壊、其向家屋みな倒れ、壱人即死、死者を出したり。続ゝ正《詳》報きたる。瓦斯ハ絶る。暗黒なから火事に断水停電」（『日記』第四巻、六六七頁）とあり、家屋が倒壊し、下敷きになって即死した人もいた。ガスは止まり、真っ暗ながら火災が発生し、断水、停電という生々しい被害の様子がつぶさに記されている。この夜、花蹊は夜通し庭におり、南、東、北から火が盛んに燃え、砲兵工廠の弾薬が爆発しその音がすさまじかったという。二日の『日記』によれば、門内は罹災民の避難所となり、学校、雨天体操場、広場は避難所となっていた。この夜も庭で休み、老校長は植物園か知人の邸へ逃れるようにと言われたが、花蹊自身はここにいたいと言ったとある。四日には見舞い客も頻繁に訪れ、親戚知人はたいてい無事ながら、跡見玉枝も不明で心配している。

この時、李子は日本におらず外遊していたが、その在地に電報で無事を知らせている。水道は九月七日の晩に復旧し、花蹊は「有かたし」（『日記』第一巻、六六九頁）と記している。七日の『日記』には、このときの歌が記されている。

大御親の胃のケイレン《（痙攣）》もおさまりて世の発育の幸やみるへき
あらみたまゆすり雄たけひゆりたけひ人のこゝろをいましめんため
大君にさわりあらせすとひたすらに祈るこゝろを神やしるらむ
此のさわきしるやしらすや虫の声

（『日記』第四巻、六六九頁）

突然の震災に右往左往して叫ぶ様子を花蹊は「人の心を戒めるため」と詠み、このような大災害のなかでも、天皇の無事を祈っている。目の前の惨状を書きとどめつつ、一方で、そこに訓戒をもみてとり、皇室を敬う花蹊の思考がうかがえよう。

九月一〇日には、震災後初めて自動車で外出し、閑院宮を訪ねている。『日記』には「実に口伝に聞たるよりハばい《（倍）》以上にて、其惨たる、地獄の有さまかと思ふ」（『日記』第四巻、六六九頁）と記され、閑院宮では、「ドンと一分間に御洋館へたは《（ば）》つて、其のまゝ下敷に御成被遊」（『日記』第四巻、六七〇頁）とあり、自力で漸く出口へ出たり穴から引きずり出した様子や頭を打って即死した様子を聞いたことが記されている。また、一四日には、玉枝から葉書が届き、着の身着のまま何一つ持たずして九段まで逃げのびたと知り、安堵している。二一日の『東京日日新聞』に学校の告示を出し、本校生徒校友会員中、避難者や住所が変わった者は至急届け出をするようにという記事が掲載された。大震災の混乱のなかで、安否を確認しつつ、少しずつその対応を進めていく様子がうかがえる。

月末には、少し落ち着きも戻ってきたようで、二六日には、玄関前、雨天体操場の避難者一〇〇人ばかりがみなよろこんで引き上げたことも記され、二七日には、大坂および諸県からの見舞いに対し、礼状を出し安否を知らせている。

表彰とそれを祝う白子の土地寄贈の間には、このような世を震撼させる大災害があった。順風満帆の感さえある晩年に、思いもよらぬ大災害に見舞われ、その被害の大きさに衝撃を受けつつも対応を模索する花蹊の様子は、いまなお一つの教訓として受けとめられよう。この震災を詠んだ数々の歌が『花の雫』に収められているが、そのなかから、震災の翌年正月に詠まれた花蹊の歌をあげておこう。

震災の後の年の一月に

するが台家なく樹なく焼けはてて富士のみひとり年をむかふる
寒けれど年たちかへるわびずまひ子供は紙の御旗つくりて
くりかへせもとつ都にくり帰せ年のはじめをいと口にして

殊更に今年のさむさいかならむ板屋にすめる老よ子供よ
焼け残る古巣訪ひ来し鶯の声めづらしくきく今年かな
（跡見李子編『花の雫』、七三頁）

一連の歌に、震災から数か月たってなお復興に至らぬ世の中の様子と、新しい年に託す期待がうかがえる。同年の年明けに白子を訪れた花蹊が記念の松に寄せる感謝と祈りは深く、感慨もひとしおであったのではないか。

第三節　花蹊永眠

自然を貫く

画家としての名声を得て、教育者の道をあゆみ、その生涯が高く評価された花蹊は、大正一五（一九二六）年一月一〇日、逝去した。享年八十七歳、従五位であった。

校友会誌『汲泉』第七二号は「噫御師匠さん」と題する花蹊追悼号であるが、そのなかに、最晩年の日々をうかがわせる主治医井深玄眞の「病床の花蹊先生」がある。

先生は平素私に語らる丶に、
『私が死ぬ時は自然ですよ、仏陀の御慈悲に縋て大往生します、必ず名医とか大家とかの御手を借りないで長尾さんとあんたとで私の自然の終りを認めて下さい、何故かなれば名医とか大家とか申す方々に診て戴くとソレ注射をせよとかヤレ手術をせよとか、折角私が安らかに永眠せんとするのを引延して苦痛を長びかするから罪ですぜ』

（「病床の花蹊先生」『汲泉』第七二号、一一二頁）

花蹊は、自然にまかせてその生涯を全うすることを望んでいた。名医や大家による延命医療はのぞまぬことを伝えていたらしい。続く部分からは、その病状がうかがえる。

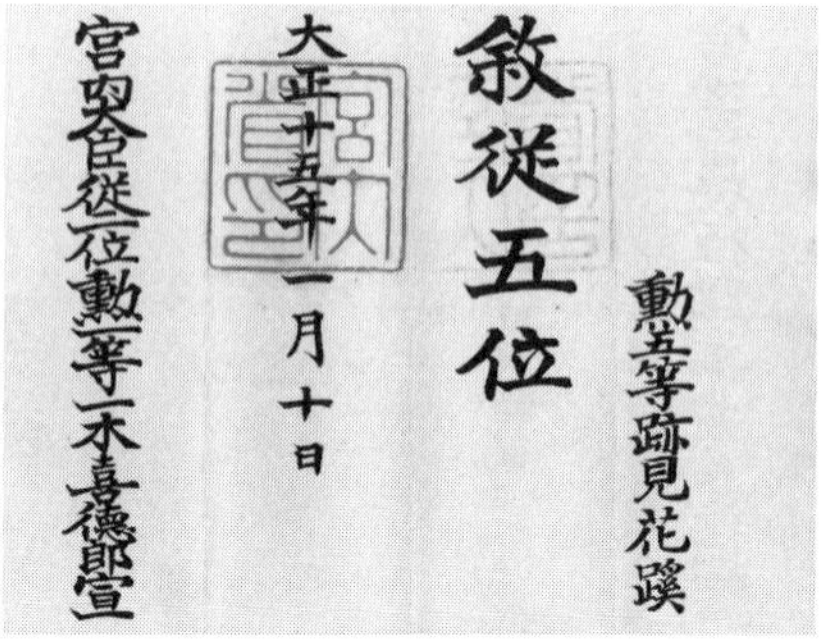

叙従五位（大正15年）
跡見学園女子大学花蹊記念資料館所蔵

昨年夏以来の御不例は慢性に胃腸を患はれて、爾来再び起つ能はざるを自覚せられて以来医薬すらお摂りなく専ら療養に勉め日一日と憔悴せられたので長尾軍医も種々御心配なされ李子先生は申に及ばず門下生や来訪の方々も何とかして実験に富める先輩に一診をと切りに勧められたがご承諾はなかつた、そこで李子先生は最後に、

『お師匠さん若し万一の事があれば、あなた様は私一人の慈母ではなく幾千人の慈母ですから私一人が得心しても幾千人の子女は得心致しませんから是非一度は』

との切なる希望に『それも左様ですナー』と漸く御承諾になり御令閨とは御懇意の間柄ゆへ入澤博士の御来診を願ふ事になつた。

入澤侍医頭の御診察に依るとご老病ではあるが内科的に極め得ざる病根あらんも知れず、外科的診断の意味にて近藤博士の方へ御入院は如何ですかとの御挨拶。そこで先生は、『それだから駄目なんですヨ、若し病根が在つたとして此老体を如何するつもりですか、根源が分つて永く苦しむより分らずに死ぬのが定命ですぜ』と、而して博士も御本人の意志が其所にあらば先づ自然に任かすが良からんと同意せられた。

青柳登一博士は令嬢が門下生として通学中であるので先生の御病臥を耳にせられ歳末の御挨拶旁御見舞もだし難しとて御診察下されたが入澤博士と、同様の御意見にて御苦痛なき限り御本意のまゝにする方良からんとの仰せであつた。

爾来二週日何等の御苦痛もなく念仏三昧裡に御宿望の大往生を遂げられたがご本人の御満足は如何であつたらうか。

（「病床の花蹊先生」『汲泉』第七二号、一二～一三頁）

主治医の追悼文によれば、前年の夏頃から不例で慢性的に胃を患っていた花蹊は、自然であることをよしとし、医療による治療を望まず、それが定命であると言っていたという。花蹊の強い意志に、他の医師たちもその意向を尊重し本意のままにするのがよかろうという判断をしていた。実際、その後苦しむこともなく、花蹊は念仏三昧で大往生を遂げたという。

その最期の様子が、同誌掲載の大塚風影「先生終焉の日」（『汲泉』第七二号、一一九〜一二三頁）に綴られている。これによると、一月一〇日朝、新聞に跡見花蹊危篤の報があり、学校へ行くと親戚が詰めており、二階の病室も門下生中の「元老株」とみえる人びとでいっぱいであった。枕辺には李子が侍座し、井深校医と長尾校医が両方から左右の脈をとっており、枕上の右手の床には阿弥陀如来の尊像が掲げられ、それに、向かって僧侶が経文を読誦していた。あとから聞くと花蹊が自ら揮毫した尊像という。午後二時半頃か、様子に変調あり、五時頃再び容態が変わり、長尾校医によれば「五時三十五分？の大往生」であった。遺体は階下へ移され、白木の机の上に種々の供物が供えられ、香炉に数十柱の香煙が立ち上っていた。その顔には憂悶の影も見えず苦悶の跡もとどめず、「平安其物」「静寂其物」であつたという。

花蹊は、周囲から見ても、望み通りにやすらかな大往生を遂げた。

花蹊の郷里唯専寺は真宗であるが、同誌掲載の知定寺住職相馬千里「跡見花蹊女史の信仰」（『汲泉』第七二号、四〇〜四一頁）によれば、その未来思想に落ち着けず、法華経の行者となり、神奈川の笹本戒浄上人に面会し六時間ずつ四日にわたる質問応答にて光明主義を理解した。念仏三昧最後まで怠りなく、宗教の必要を力説し、南無妙法蓮華経はかたい、南無阿弥陀仏、南無阿弥陀仏でなくてはならぬといったという。また、同誌掲載の椎名正雄「跡見花蹊先生を憶ふ」（『汲泉』第七二号、五八〜六三頁）では、日露戦争の際、殉死者追悼の意味において法華経八巻の浄写をし七年を費やしてその完成を見たという。その後さらに、浄土三部経の浄写も企てられ、毎日一時間浄写したとある。晩年の花蹊は、信仰への思いを強め、末期の枕上にみずから揮毫した阿弥陀如来像が掲げられていたのも、信仰への傾斜から導かれるものであったろう。

その告別式は、一月一四日一二時から講堂で執り行われた。弔辞は、跡見女学校理事総代として大東重善、跡見女学校教職員総代として齋藤菊寿、生徒総代で香村霞、校友会総代で三宅龍子（花圃）が読んだ。大勢の参列者に見送られ、花蹊は、小石川光円寺に眠る。

花蹊は次のような歌を詠んでいる。

　おのれ来む世もまた教育家と生れいでんことをねがひて
またも来て教の道の花ざくらやまとごころの春になさばや
（跡見李子編『花の雫』、七六頁）

生まれ変わる世でもまた教育家となり、教えの道に跡見女学校の校花であり校歌でもある花桜が咲き匂う春にしたいと願う。跡見女学校校長の職に捧げた花蹊の生涯を、象徴するような一首である。

花溪の追善会は、大正一五年一二月一〇日午後一時より、神宮外苑日本青年館にて行われた。『汲泉』第七三号掲載「跡見花蹊先生追善会趣意書」には、跡見家においては都合上来年一月一〇日の一周忌を繰り上げて一二月一〇日に法要を営む由につき、花蹊の高徳を慕う者が同時に追善会を催し「聊かにても先生の霊を慰め参らせんと計画せり」とある。その実行方法については、花蹊揮毫の書画展観を行うとともに、生前極めて多趣味の方であるので追悼辞のほかに花蹊の趣味に副う催し物をするように考案したという趣旨が、「追善会発起人一同」の名で掲載されている。追善会の次第は、齋藤菊寿を司会とし、開会之辞を大束重善、追善之辞を中島徳蔵、佐々木信綱が述べた。その後、「囃子」として「融」、「能」の「楊貴妃」の上演、講談、さらに跡見花蹊作歌甘利寅尾作曲の「四季の声」が歌われた。

この追善会は盛会で、知友門下諸有志四五〇余名の賛助を得て催され、予想外の盛会であったのは花蹊の遺徳ゆえという。主唱者として掲載されている名前は、青柳登一、跡見玉枝、石川基威、大束重善、佐々木信綱、齋藤菊寿、齋藤仁子、高木信蔵、棚橋絢子、中島徳蔵、中南定太郎、橋本太吉、増田義一、三宅龍子、井深玄眞である。

花蹊を追慕する人びとの思いによって、このような会がもたらされたのである。亡き後も、花蹊は生前親しく関わった大勢の人びとに慕われ、その記憶のなかに生き続けていた。

花蹊の遺した歌のなかに、次のような一首がある。

あじさゐ
ふくよかによき衣きつゝむつまじう集ひ合ひたるあぢさゐの花　（跡見李子編『花の雫』、一二頁）

小さな花の集まりのように見える紫陽花を、ゆたかなすばらしい衣裳をまとった人に見立て、そうした人びとが集うことによって美しい大輪の花となる、という歌である。一人ひとりがすばらしいのみならず、そうした人の出会いや交流によってみながひときわ輝くことを、花蹊は大切にしていた。この花蹊の生き方が、花蹊を慕う多くの人々を呼び寄せていったのであろう。

花蹊の三周忌には、遺された作品や歌を集めて編まれた『花の雫』が出版された。

花蹊の書と絵画

女子教育に身を捧げた後半生から、花蹊は教育者としての存在感を重くするが、学校運営に勤しむ日々にあっても、書画はみずから教鞭を執った。花蹊の生涯は常に書画とともにあり、芸術がその根幹にある。

花蹊の書作品のなかでも、前述の喜寿に書かれた「朱文公勧学文」は、今日学ばずに明日があるといってはいけない、今年学ばずに来年があるといってはいけないという朱熹の文に、花蹊自身の研鑽を積んできた来し方を顧みての思いが重ねられていると思われ、その生涯を象徴するような代表作である。また、前掲の「八十自壽詩」は校長を退く八十歳に、なお精進を志す花蹊の思いがこめられており、これも花蹊の生涯からもたらされた作品といえよう。晩年の書の撰文に、花蹊の人生観が反映するのはごく自然であり、それゆえ、これらは花蹊の書を代表する作品として常に顧みられることになる。

書は、これら晩年のものが印象的であるが、花蹊の絵画はむしろ早い時期の作品が有名である。花蹊の絵画のなかで代表的な「四季花卉《かき》図」は明治一〇（一八七七）年の作品であり、その題文では、花鳥画で有名な蜀の黄筌および五代の徐熙の描法に倣って花卉図を描くが、図のなかに桜花を加えたのは日本の跡見花蹊をもって嚆矢《こうし》となすと自恃している（「口絵解説」『日記』第一巻、九〇八～九一〇頁）。この絵を描いた花蹊の誇らしい様子が想像されよう。

また、「四季花卉図」とともに花蹊の代表作とされる「秋虫瓜蔬図」は明治一五（一八八二）年の作品であり、その題文には、粉本に拠って絵を描くのではなく、自然の景色にこそその手本があると記している。その末尾には、自分が簾を掲げて秋の景色を指し「わが粉本はここにあり」といったという一文もあり、清少納言の才知に比する矜持もうかがえる（「口絵解説」『日記』第二巻、八二六～八二八頁）。

明治一〇年、一五年という学校設立から間もない時期に、花蹊は画家として自負をもってとりくんでいたようである。

花蹊は、さらにさかのぼる上京後まもない頃に、求められて海外にも絵画を製作していた。明治四年三月八日に、外務省からの依頼による画帖の作製にとりかかっており、同年四月一九日には「落款」とあり完成している。これは、現在、台北の故宮博物院に『清花蹊女史冊頁』として所蔵されている作品である。また、明治六（一八七三）年二月一六日には、「ヲウストリヤ博覧会」すなわちオーストリアでこの年の夏に開催された万国博覧会の画帖を描いている。「跡見学校」開校前のこの時期、まだ若い花蹊は、画家として外へ向けても精力的に活躍していた。

晩年の代表的な絵画作品としては、「秋草図屏風」がある。六曲一隻の大画面に秋草を描いた屏風は、花蹊六十六歳の大作である。教育者として校長職にあった花蹊の代表的な作品は、若いときに偏りがちな印象であるが、晩年のこのような大作も残されている。

時代を生きる女性

書画に秀でた芸術家であり、女子教育に生涯を捧げた花蹊は、独身を貫き、幕末から明治、大正を生き抜いた女性でもある。

花蹊の晩年にまとめられた、『女の道』という一書がある。「述者　跡見花蹊」「編者　田中久」と記され、その凡例には「本書は、我が国女子教育の先覚にして、学徳一世に高き跡見老女史が、当代女性の教訓として、我等の為に談せられたるものを輯録したるもの也」とあり、晩年を迎えた花蹊が当時の女性の教訓として述べた言葉をまとめたものであることが知られる。また、「本書は多年に亘りて口述せられたるものなるを以て」ともあり、晩年の一時のものとは限らず、生涯からの言葉として編纂されている。

この一書には、女性の生き方や教育についての老境にある花蹊の考え方が記されており、そのなかに、「独身生活は如何」と題して、みずからの半生を回顧している部分がある。

　私の独身生活は、人様とは違つて居りまして、跡見家を再興せよとの、父母の教訓が身に沁みて、初めより教育芸術を以て世に立つこととなり、何時となく、独身生活を遂げたものでありますが、近来は、時勢の変遷に伴れて、独身生活の人が殖えるとのことでございますが、それは何故でありませうか、一方には学問芸術が盛になり、婦人の品位が高まり、他方には経済的の事情所謂生活難が高まつて来る為であるとか、又は徒に西洋の真似をして見る、気位丈高くなつて、結婚はしようと思つてもすることが出来ないと云ふやうなものも、あるさうであります。此等の中でほんの身儘勝手から生ずるものは、固より論ずるに足りませぬ。又家庭の事情より結婚の出来ないと云ふやうな人は、同情すべきことであります。そんなことでなくて、己が修め得た学問芸術の為に生来結婚せず、独身生活をしようと云ふ人があるやうであります。此等の人は、国中を求めたら、随分数も少くはありますまい、又極稀なことながら、自分は真に教育又は芸術の天才であるとか、或は父母主君等の為に結婚することが出来ぬ、結婚すれば、国家社会の為、父母主君の為が出来ないと云ふ人は、実に已むを得ないことで、其の独身生活の理由を承認せねばならぬことでありませうが、さうでない、尋常一様の独身生活の空想は、断じて賛成する訳に参りませぬ。

（『女の道』、三一～三二頁）

花蹊は、跡見家を再興せよとの父母からの教えにより、教育芸術に生き、独身生活を貫いたという。自分の信ずるところあって独身生活を送るのはやむを得ないとしながら、ただ独身生活を空想することは否定している。信念をもって何かを行うのでなければ、「良妻賢母」をめざすのがよいと考えている。また、「若婦人の警訓」のなかでは次のように述べている。

嫁してからは、一には妻たる人の手腕に依つて、一家が治まつて行くので、一家の要目となるのも、夫の成功不成功をするのも、妻たる人の力によるのです。

（『女の道』、三八頁）

結婚してからは、妻が一家の要となり、夫の成功不成功も妻の力次第であるという。一家を切り盛りするその力が必要であると述べる。花蹊は、女性が働かなくてよいと考えているわけでもない。「健全なる家政の執り方」のなかには次のようにも述べている。

何事につけても、生活上に余裕のある、富裕な上流の人々には、其の必要を認めませぬが、中流以下の家庭に於ては、此の際何うしても夫婦共稼ぎをすることが、何よりも必要のことゝ思ひます。一体我が国には、妙な習慣がございまして、中流位の家庭で、妻女が内職をすると、大変卑しい事のやうに考へる人がありますけれども、此の囚はれた習慣は、今日何うしても打破らなければならぬ事と考へます。之を打破することが、刻下の急務であります。

（『女の道』、五五頁）

裕福な上流家庭はともあれ、中流以下の家庭においては、妻も共稼ぎをすることが必要であるという。花蹊は、内職を卑しいことと考える風潮を憂いており、そうした考え方を打破することが急務であるとしている。「内職」を勧める花蹊の念頭にあるのは、絵を本腰を入れて学びそれによって収入を得ることである。もっとも、これは晩年のある時点における花蹊の考えというべきであろう。かつての花蹊の『日記』をみると、上流を意識した記述も見出される。明治二五（一八九二）年七月七日には「芝紅葉館午後五時参会之事」とあり、花蹊はこの日午後四時に車で芝の紅葉館に向かい、ここで小松宮夫妻と若宮夫妻に拝謁し、その催しに参会している。そこで「御客中ヨリ、跡見学校ハ御息所ノ製造所也とて大賞賛セラレ、名誉之至也」（『日記』第二巻、一〇三頁）とあり、跡見学校は「御息所の製造所」とおおいに褒められたとある。「御息所」とは慣例的に帝や東宮の子どもを産んだ夫人に用いられる呼称であり、上流の貴顕に嫁す子女を育成している学校という大賞賛を受けたのである。宮家や華族の集まる場で、花蹊は自校を「御息所の製造所」と云われ、それを大変な褒め言葉として受けとめ、「名誉の至り」と表している。柳町に移り新たな開校式を挙行してから四年あまり、このときの花蹊は、上流の子女を育成する跡見女学校の校長として、学校が軌道に乗ってきたことを純粋に喜んでいる。

しかし、歳月とともに学校の規模も拡大し、学校をとりまく社会事情もおのずと変容してくる。女性の生き方に対する花蹊の考えも、また時代のなかにあった。花蹊は女性が働くことについて、「健全なる家政の執り方」のなかで次のようにも述べている。

総じて働くといふことは、卑しいどころか尊いことなのです。同胞七千万人の半分は、女子です。此の大多数の女子が、此の際働くことの尊さを自覚し、大いに奮ひ起つて御国の為め、積極的の活動をすると申すことは、何よりも大切なこと〻確信致します。考へて御覧なさい。古来例しのない欧州の戦争は、今のところ何時果てるのやら分りませぬ。それに時と場合の成行き如何によりましては、日本も何時その戦争の為に、出兵するかも知れぬではありませんか。彼れ是れ思ひ合せると、只今の時勢は、決して〳〵浮つかり暮らしては居られませぬ。

（『女の道』、五六〜五七頁）

小見出しに「今は」とあるように、まさに花蹊晩年当時のことばである。この時代に、妻が夫の稼ぎに頼るのではなく、ともに働くことをよしと考えている。「新時代」であった明治が終わり、大正、第一次世界大戦が勃発する。花蹊は世の動静を見据えつつ、今を生きるにふさわしい女性のありかたを模索していたであろう。

花蹊は、跡見家再興のために独身を貫き、画家として活躍しつつ女子教育に生涯を捧げた。そうした特別の事情がある場合は別として、花蹊が理想とする女性のありかたは、基本的に儒学の教養にもとづき社会の要請に見合う良妻賢母である。しかし、花蹊は、およそ飾り物のようにある家庭夫人を思い描いているわけではない。上流の子女のみならず、広く女子教育に努めてきた花蹊がもとめるのは、経済的な自立とは異なるものの、家庭を守り支える賢さと力を持てる女性像である。そこに美術教育を反映し絵画で収入を得ることまで説くのが、画業と教育を追い求めた花蹊の生涯から導かれた一つの見解というべきであろう。

花蹊自身、それぞれの時代のなかでみずからあるべき姿をもとめ続け、その生涯を全うした、ひとりの人であり、女性であった。

第五章　花蹊が遺したもの／花蹊を継ぐもの

第一節　跡見李子と跡見女学校

校長跡見李子

大正一五（一九二六）年一月一〇日、学祖跡見花蹊が逝った。跡見女学校は偉大な導き手を失った。だが、跡見女学校には跡見李子がいた。

第三章で触れたように、跡見李子は萬里小路通房の次女として、明治元（一八六八）年一〇月一八日、京都に生まれた。萬里小路家はのちに東京に移り、李子は八歳にして、明治八（一八七五）年跡見学校創設とともに入学し、花蹊の指導を受けた。明治二三（一八九〇）年四月の跡見女学校第一回卒業式には、すでに生徒の指導にあたっていた李子の名前が卒業生の一人として挙げられている。そ

跡見李子　昭和８年校長室にて
『汲泉』第129号より掲載

の後、明治二五（一八九二）年に花蹊の養女となり、跡見姓になった。大正二（一九一三）年、跡見女学校が財団法人になったときには理事ならびに学監となり、名実ともに花蹊を補佐する地位についた。そうして、大正八（一九一九）年三月三一日、跡見花蹊が八十歳を機に校長職を辞したあと、李子が校長を継いだのである。李子五十二歳のときであった。

跡見李子は校長となって四年後の大正一二年、欧米の女子教育事情を視察している。文部省より「欧米ニ於ケル技能教育ニ関スル調査ヲ嘱託」されてのものである。五月一〇日横浜港を出航し、六月二六日マルセイユに上陸、パリ、ロンドン、ベルリン、ローマなどを順次視察した。その後、再びパリに滞在中の九月二日関東大震災の報に接し、急ぎ米国を経て、一一月二七日夜横浜港へ帰港、二八日に帰校している。七か月、二〇二日という行程であった。

翌大正一三（一九二四）年五月一〇日、上野精養軒で開かれた校友会主催による帰朝歓迎会で李子は視察報告を行った。同年七月刊行の『汲泉』第六九号に「欧米漫遊所感」として掲載されている。そのなかで、李子は、洋服、靴、人の態度、食物、乗物、育児、銅像、学校、寄宿舎など、西洋の人や文物について、多くは肯定的な視点から率直な思いを述べている。そして、最も長く滞在した

（七月一日から三一日までの一か月）ロンドンでは、英国人の教育のありかたが強く心に残ったという。それは、私立の学校の寄宿舎で女子生徒たちが楽しそうにしていること、両親がそろって子どもの教育に努めていること、母親の責任が重大であることなどであり、一層考えさせられたと吐露している。関東大震災という未曾有の事態に、予定を早めての帰国とはなったが、欧州で彼我の文化の違い、教育環境の差などを痛感するとともに、女学校が積極的な役割を果たしていることに意を強くもしたのであった。

大正一四（一九二五）年跡見女学校は創立五〇年を迎え、四月二五日、記念祝賀式を挙行した。閑院宮妃殿下、東伏見宮妃殿下が式に臨まれ、岡田良平文部大臣、宇佐美勝夫東京府知事、中村是公東京市長などの来賓、学校関係者が祝辞を述べた。その一人、教職員総代として立った大塚久は「先生の後継者已に定りて後顧の憂なきあり」（大塚久「祝辞」『汲泉』第七〇号、七頁）と花蹊の後を継いだ李子のことを語り、「時代の進運に伴ひ、本校を益々発展せしめ、愈々改善するは、両校長の理想にして、又不断の努力なり」（同前掲、七頁）と学校改善への不断の努力を称えている。

このように、李子は、跡見女学校のなかで育ち、花蹊の薫陶を受け、教育者として視野を広げ、校長として女学校の運営に力を発揮し始めていた。そうであるからこそ、師であり養母でもあった導き手花蹊を失った深い悲しみのなかで、学校を停滞させることなく、ただちに手を打つことができた。花蹊没後の一月中には、学校の拡張発展の基金とするべく校債の募集を実施している。この一事からもわかるように、以後、李子は学校の運営に自ら先頭を切ってあたっていった。

跡見花蹊の逝った大正一五年の一二月一〇日には、花蹊追善会を行った。菩提寺光円寺での法要の後、青山の日本青年会館で教職員一同が参会し、法要を行った。

このわずか二週間後、一二月二五日、大正天皇が崩御された。ただちに皇太子が践祚、昭和と改元された。時代は大正から昭和へと移り、跡見女学校も設立五〇年にして、李子校長の下まさに新しい時代に入ったのである。

大塚校地への移転

ところで、跡見女学校の生徒数はどのように推移してきたのであろうか。入学者数、在学者数、卒業者数などが詳細に記録されているわけではないが、わかる範囲で触れてみよう。

卒業者数を、明治期、大正期、昭和期（戦前）に分かって見てみる。記録が残っている明治二一（一八八八）年度から明治四五（一九一二）年度までの卒業者数合計は五八七人、年度平均二三・五人。大正二年度から大正一五年度までの卒業生合計は一五二五人、平均一〇八・九人。昭和二（一九二七）年度から昭和二〇（一九四五）年度までの卒業生合計は四〇八〇人、平均二一四・七人である。

各年度の卒業者数の平均で見ると、明治期から大正期に入ると、四倍以上となっている。これは、塾を基盤として始まった小さな学校であった跡見女学校が、大正期に入って名実ともに学校としての規模を整えていったことの反映である。

明治二一年一月に竣工となった小石川柳町の新校舎は、当初の総建坪は四三八坪であったが、明治四三（一九一〇）年に全面的改築に着手、大正二年には一二三〇坪に拡張されていた。改築になった柳町校舎は充実した施設ではあったが、大正一一（一九二二）年以降になると、さらなる生徒数の増加とともに再拡張または再移転を協議せざるを得なくなってきた。生徒総数を見ると、明治四四（一九一一）年四二八名、大正五（一九一六）年六七五名、大正一〇（一九二一）年六八九名、昭和二年七九八名と増え続けている。こうした生徒数の増加に対して、運動場などの校地の狭隘、特別教室の狭小等が指摘されていた。加えて、学校が低地にあったため、しばしば洪水の害を被ったことも大きな問題となり、何らかの処置をとることを迫られていたのである。

花蹊没後、李子校長がまず手がけねばならない大事業は新しい校地の入手と新校舎の建築であった。以下、新校地決定と新校舎建築・移転までの経緯を追ってみよう。

大正一一年四月一八日　理事会、本校拡張案につき協議。
大正一三年一二月四日　理事会、学校拡張の件。
昭和三年　五月二五日　学校敷地払下出願の件に付き大蔵省へ申請書を提出。
昭和五年　三月一八日　理事会にて大塚陸軍兵器廠跡四四五五・一五坪、大蔵省より購入を決議。
六月一二日　払い下げ校地受領。
六月二三日　校長宅にて、新校舎建築委員会を開く。

七月一一日　　新校舎建築のための父兄後援会発起人会第一回。
昭和六年一〇月二八日　大塚校地地鎮祭。
昭和七年一二月一九日〜二三日　職員総動員で小石川区柳町二七番地から、小石川区大塚町五六番地の新校地・校舎への移転を行う。

学校拡張の案件は、早く、花蹊在世中の大正一一年四月、次いで大正一三年一二月の理事会で、協議されている。柳町校舎の全面的改築案や、大正一三年に入手した埼玉県白子の土地に新校舎を建てる案などが検討された。その後、しだいに校地移転の案に傾いていき、昭和五（一九三〇）年三月一八日、理事会は大塚陸軍兵器廠跡四四五五・一五坪を大蔵省より購入する決議をするに至った。同年六月一二日に払い下げ校地を受領し、六月二三日には校長宅にて新校舎建築委員会を開いている。このあたりから、教職員はもとより、校友会、父兄後援会などの協力のもと、大塚新校地での新校舎建築に向けて、跡見女学校は一気呵成に動いていった。その中心に跡見李子校長がいて、大事業は成ったのである。

昭和六（一九三一）年一〇月二八日、新校地の地鎮祭を行った。鹿島組の請負で建築工事が始まったのは昭和七（一九三二）年一月、工事の竣成は翌八（一九三三）年三月のことであった。ただし、柳町校舎から大塚校舎への移転は前年昭和七年一二月に行っている。『跡見女学校日誌』によれば、終業式（一七日）を済ませた翌一八日の日曜日、職員全員が出勤して移転の荷物をまとめ、一九日から二三日にかけて自動車を何往復もさせて移転している。四日後の二七日には寄宿舎を移転、学校の整頓は大晦日の三一日まで行ったことが記載されている。

こうして、昭和八年一月一一日、小石川区大塚町五六番地（現文京区大塚一丁目五番地）の新校舎において、晴れやかに始業式を行った。これが今日に続く大塚時代の始まりである。

新校舎の概要は『汲泉』第九三号によると次の通りである。建築総面積は約二一四二坪、うち鉄筋コンクリート三階建校舎の延坪数は約一六九〇坪、屋内体操場一五二坪、寄宿舎二二八坪、校長住宅七一坪。校舎内には、普通教室二一、特別教室二〇の他、校長室、主事室、教員室、会議室等が設けられるなど、充実した教育環境を誇るものであった。

正門より新校舎を望む
『写真で見る跡見学園の歩み』より掲載

このような教育環境の充実により、この年三月には文部省から、学級数は一五から二〇へ、生徒定員は八〇〇から一〇〇〇名への増加が認められ、跡見女学校の基盤がますます固められていった。

同年四月二三日には、新校舎の落成式を行った。式辞を述べた跡見李子校長は、来賓五〇〇余名、校友五〇〇余名、生徒一八〇余名を前にして、「土地は是れ大塚の高丘、地積四千五百余坪、校舎の建坪一千六百余坪、其の地域の広大、校舎の壮麗、施設の完備、之を従来の跡見女学校に比して全く面目を一新せるものあり」（跡見李子「式辞」『汲泉』第九三号、一頁）と高らかに宣した。

桜観世音菩薩像

新校地新校舎での始業式の前日、昭和八年一月一〇日、増上寺執事長大導師野上運外正僧正を導師として、桜観世音菩薩像の開眼供養式が執り行われた。この菩薩像の造立は校長跡見李子の発願になるものであった。

開眼供養式の挨拶に立った跡見李子は、「先代は若い時分から、たいそう深く観音さまを信仰して居られましたので、どうかいたして観音さまの御尊像を一体造立して、その御尊像のお腹籠りに故人の遺骨を納め、その志を長く学校の礎にいたして、校運を護って貰ふやうにいたしたいといふ願ひを発したのでありました」（跡見李子「主催者御挨拶の要旨」『汲泉』第九二号、一九頁）と述べている。

その意を受けた卒業生の会の松花会は、安田暉子（安田善次郎娘、同善三郎夫人）が中心となり、帝国美術会の彫刻家山崎朝雲《やまさきちょううん》に観世音菩薩像の制作を委嘱した。完成したこの木彫りの像の胎内には李子の願い通り花蹊の遺骨が納められた。選号は浄土宗大本山増上寺澄誉大僧正に請い、桜観世音菩薩と選名された。

一月一〇日は跡見花蹊の祥月命日にあたる。また、上述したように新校地大塚校舎での始業式の前日でもある。あたかも、今日に続く大塚校地の発進を祝うかのごとく桜観世音菩薩は開眼され、跡見学園の守り本尊となったのである。

桜観世音菩薩像をめぐっては、さまざまな奇瑞が語り継がれている。その一つに、跡見女学校の書道教師として、またお塾（寄宿舎）の舎監として長きにわたって学園に貢献した井上幸子《いのうえゆきこ》の経験談がある。昭和二〇年五月二五日の空襲時に遭遇した体験を語った井上の言葉を、卒業生の鴨田冴子が記している。

校舎が焼け始めた時、私は先ず桜観世音様をお守りしなければならないと思いました。それで桜講堂へ飛び込み、観世音様をしっかり抱いてお塾の方へと走りましたが、途中力尽きて土の上に観世音様と一緒に倒れてしまいました。ふっと気が付いたとき、今までお塾の方向に吹いていた風が逆に吹いていたのです。あゝこれで助かった、と思ったのも束の間、今度は鹿島邸方向から吹いて来るではありませんか。いよいよ鹿島邸に火の手が上がった時はもうこれでお塾ともお別れか……と思いましたよ。あとは唯、桜観世音様を抱きしめて祈り続けました。そうしたらどうでしょう。間際で又風がお塾の反対方向に吹き始めたのです。こんな事ってありますか？　奇跡としか言えないでしょう。

（「跡見のお塾」記録の会編『跡見のお塾』、一六七頁）

第二次世界大戦の末期、昭和二〇年代に入って、東京も米軍による大規模な空襲が何度もあった。三月一〇日の下町地域の空襲がその規模と被害の甚大さにおいてもっとも大なるものであったが、五月二五日の山の手地域の空襲もそれに劣らず大規模なものであった。

この空襲で、跡見女学校では新館が全焼、本館の二階、三階及び別館三階が外壁を残して焼失した。また、鹿島守之助の居宅も焼失したが、お塾は延焼を免れることができた。井上幸子の回想はこのときの桜観音の奇跡を語ったものである。

こうして、桜観世音菩薩は、今になお本学園の発展を見守り続けている。

跡見教育の成果

跡見女学校の柱として教育と運営にあたった李子は、跡見の教育をどのようにとらえ実現しようとしていたのであろうか。ここでは、卒業式における校長跡見李子の「訓辞」から見てみることにする。昭和四（一九二九）年三月二五日、第四二回卒業式において、李子は卒業生に向かって、「卒業は御めでたいと同時に、新しい入学であります。皆様はこれから更に、或は高級な学校に、或は交際の家庭に入つて、事柄は違ひましても、学習は依然続けねばならない筈であります。唯その態度は次第に関渉束縛から、自由解放に移つて行くことだけは疑ありません」と述べ、「何れにせよ皆さんは之から日本婦人界の第一線に立つて、働く人々に相違ありません。それとして皆さんはあくまでも、我が校の伝統をわすれず、よく古く、よく新しく、質実に剛健に、苟も軽佻浮薄の風なき様、期せられたいのであります。畢竟人生は何處まで行つても、修養に外なりません」（跡見李子「訓辞」『汲泉』第八一号、前付）と語りかけた。

李子は、卒業後の進む道はそれぞれでも、学ぶことはこれからも続けねばならないと説く。そして、伝統と新しさ、質実と剛健を期待し、軽佻浮薄の風を戒めている。一方、師の花蹊は、大正四（一九一五）年三月二七日の第二八回卒業式の「訓辞」で、「我が校は由来本邦固有の婦徳を涵養するを以て主義とし、而も日新の世運に後れざらんことを期し、我が校の校風とする所は、質実にして而も文雅あり、卑野に流れず、華美に陥らざる所にあり」（中野一夫編『跡見花蹊教育詞藻』、三八頁）と述べている。

温故知新、伝統を重んじつつ、新しいものを積極的に取り入れること、質実剛健、質実を旨としつつ、華美や浮薄に陥らないようにすること、それが学祖花蹊の基本的な精神であり、李子もしっかりと受け継いでいることが知れるであろう。

昭和五年三月二三日の第四三回卒業式では、軍縮会議が進行する世界情勢に目を向け、国内のさまざまな困難を指摘したうえで、「現代の皮を透して肉を見、髄をみる者のみよく自覚し自重して、其の健全な幸福を獲得し得るでせう。而してそれを見透す眼力は既に諸嬢の胸に、可なり準備されてある筈であります。頼むは其れ一つです」（跡見李子「訓辞」『汲泉』第八四号、前付）と述べている。

時代は激しく動き始めていた。さまざまな文化が花開いた明治末年から大正にかけての時代とは異なり、昭和は戦争の時代であった。昭和六年には満州事変、昭和一二（一九三七）年には日華事変、そして昭和一六（一九四一）年からの太平洋戦争へと突入していく。銃後の守りが呼号されゆくなかで、女子教育も難しい時代であった。

この卒業式の前年昭和四年には、一〇月二四日木曜日のニューヨーク株式市場の大暴落をきっかけに世界恐慌が始まっていた。その影響は日本にも及び、株式市場が暴落し、中小企業の倒産が相次ぐなど、まさに第四三回卒業式が行われた三月には失業者が街にあふれていた。

また、訓辞でも触れられている軍縮会議が、昭和五年の一月二一日からロンドンで始まり、延々と続けられているさなかでもあった。会議は四月二二日に終わり、日本でも一〇月二日に批准されたが、翌昭和六年九月一八日には満州事変が勃発し、いわゆる「十五年戦争」へと突き進んで行った。

こうした時代背景を踏まえてみれば、李子校長の訓辞の厳しい言葉もおのずから首肯される。卒業生の進み入る日本社会の困難を指摘し、「現代の皮を透して肉を見、髄をみる者のみ」幸福を得るのだと鋭くも指摘した。しかし、「それを見透す眼力は既に諸嬢の胸に、可なり準備されてある筈であります」と語りかけ、跡見女学校における教育の成果を高らかに宣言している。

このことは、その後の「訓辞」においても、第四八回卒業式では「諸子が世に処すべき道の基礎工事だけは完全に営み得た筈なのであります」（跡見李子「訓辞」『汲泉』第九九号、二〇九頁）、第五三回卒業式では「皆様はすでに五カ年間に於て、日本女性としての教養の基礎工事だけは終へたわけであります」（跡見李子「訓辞」『汲泉』第一一四号、一二六頁）など、「基礎工事」という言葉を用いて跡見女学校の教育の成果を繰り返し指摘している。

戦線の拡大とともに、「訓辞」の内容も、戦時色を帯びた言葉が並べられていくが、平和時ではなく、むしろ非常時だからこそ、教育者跡見李子の信念が明らかに顕れていると言えるだろう。

昭和七年三月二五日の第四五回卒業式では、第四二回卒業式でも触れていた「自由」ということについて、次のように述べている。

おもふに卒業は解放を意味する。自らの足を以て、固く大地を踏みしめ、自らの眼を以て確かと目標を見定め、而して自らの智恵と力とを以て、思ひ存分自らの目的地に到ることの自由が、吾人に取りて何れ程の意義を有するか、其は今更に言ふを要しない所です。(中略)畢竟自由は無検束ではなくて、我が理性の自律に頼ることに他なりません。諸嬢は明かに判断して、これを断然と決行しなければなりません。

（跡見李子「訓辞」『汲泉』第九〇号、前付）

自分の足で立つこと、自分の眼で見ること、自分の知恵と力をもってすること、その大切さを述べたうえで、なお「理性の自律」の重要性を説いている。跡見花蹊の精神が受け継がれ、発揮されなければならないと求めたのである。

跡見李子の教育観と表彰

『跡見女学校日誌』によると、昭和八年一〇月二三日、跡見女学校の四、五年生の保護者を対象に「父兄会」を開いている。一九三名が出席したこの会で、挨拶に立った校長跡見李子は、家庭での在り方や修学旅行のことなど、さまざまなことを話している。なかでも、教育について、「教育と云ふことは一朝一夕に、一日や十日や、一年や半年で出来るものでござりませぬから、どう致しても良い習慣を附けると云ふことが、教育でござりませうと存じます」（跡見李子「父兄会にて」『汲泉』第九四号、六頁）と語りかけた。さらに、「其の時間に這入ったら他のことは少しも考へないと云ふ風に、それを習慣附けるのが、これより外に教育はござりませぬ」（同前掲、七頁）と、集中して物事にあたることの大切さを説いている。

跡見女学校の大きな特色の一つは「お塾」の制度であった。いわゆる寄宿舎である。寄宿舎制度には集団生活が無責任を呼ぶというような批判もあったが、跡見のお塾では、家庭的な生活のなかで女性としての礼儀作法を厳しく教えた花蹊の指導によって、よい意味での教育が成立していた。李子がここで語る「良い習慣を附ける」ということも、そのことにほかならない。欧米視察の際に、英国で寄宿舎のよい例を見てきた李子は自信を持ってお塾の運営にあたっていたであろう。それがみごとに結実していたことは、お塾の生活を記録した『跡見のお塾』に寄せられた、一〇〇名を超える卒業生たちの回想に溢れている。

もう一点、「昨今の感想」と題された随想を見ておこう。昭和一二年李子は古稀を迎え、校友による祝賀企画のあることを聞いての所感だが、校長という職の責任の重大さを次のように記している。

何としても此の職に居ります者といたしましては、社会に順応し時代に即した真の力強い女性の養成といふことを先づ以て心懸けなければなりません。それには層一層実際社会に適合した力を有する婦人、即ち一般生活に必要なる科学知識を理解会得し、しかも其の中に鞏固なる日本古有の美徳を蔵して、飽くまで実生活に伴ふ実力をしっかりと体得した女性を一人でも多く世の中に送り出し、以つて益々多事多端なる今後に備へて参りたいと存じます。

（跡見李子「昨今の感想」『汲泉』第一〇五号、一二頁）

修養を生涯怠らず、伝統を踏まえて、社会に役立つ実力を身につけることをここでも求めている。跡見花蹊から李子へ受け継がれた伝統と改革、教養と実践の理念を確認することができるだろう。

齢七十に達し、第一回卒業生（明治二三年）として名を連ねつつ、すでに生徒の指導にもあたっていた李子の教育歴は五〇年に及ぶものとなっていた。

こうした多年の業績、教育界への貢献に対して、昭和九（一九三四）年に高等女学校長協会と私立中等学校恩給財団から、昭和一一（一九三六）年に帝国教育会からそれぞれ表彰を受けた。そして、昭和一二年一〇月一五日には、「跡見女学校長トナリ一意専心施設ノ充実生徒ノ薫育ニ尽瘁シ刻苦励精前後五十年ノ久シキニ亘リ女子教育ニ貢献セル労効少カラス」として、藍綬褒章を受章した。

跡見李子の生誕の日である一〇月一八日には、理事、評議員、後援会、教員生徒が集まり、藍綬褒章受章と古稀の祝いを兼ねて講堂内で祝賀式を行った。挨拶に立った李子は、「唯自分の精神としてどうか先代の花蹊先生が十分力を尽されましたこの学校を頼まれました以上は、何処までもお引き受け申しまして、自分の心に対して出来るだけをしたい」（跡見李子「挨拶」『汲泉』第一〇六号、一一頁）と応えた。

昭和九年五月一二日、跡見女学校は創立六〇周年の記念式典を挙行した。斎藤実文部大臣（代理）、香阪昌康東京府知事、牛塚虎太郎東京市長、他六氏の祝辞があり、それぞれに六〇年の歴史と女子教育への貢献が称えられた。跡見李子校長は、「抑も先師花蹊が本校を創立しました所以は、明治の初世、女子の風俗が動もすれば粗野に流れるのを見て、女子教育の必要を痛感した結果であります」（跡見李子「式辞」『汲泉』第九六号、二頁）と創立の所以を述べ、前校長花蹊の後を継いでから、「こゝに十二年専心一意先師の偉業を失墜せざらんことを、是れ事としました」（同）と振り返った。

昭和一一年一月一一日、初代校長跡見花蹊の胸像が披露された。胸像は跡見女学校の卒業生本山志可子の父で彫刻家の本山白雲《もとやまはくうん》の制作になる。花蹊生前から制作が始まっていたが、歳月を経て花蹊没後ようやく完成したものであった。除幕式は花蹊忌日の翌日、始業式終了後に、職員生徒一同が参列し、理事、監事も列席して行われた。

つづいて、昭和一五（一九四〇）年一一月一五日には、二代校長跡見李子の胸像が披露された。校友会の贈呈によるもので、花蹊像と同じく本山白雲の制作である。除幕式は、理事、評議員、旧職員、校友会幹事などが列席し、全教員生徒が参列して行われた。この日特筆すべきことは、花蹊の弟重威の娘幾子の子どもである純弘《すみひろ》が李子の養嗣子として披露されたことである。純弘はこのとき一八歳、慶応大学の予科一年生であった。すでに古稀を超えた李子はようやく後嗣を得たのである。除幕はその純弘の手によるものであった。

花蹊、李子につづく三代目は決まった。しかし、日本国内はますます戦時色を強めていた。戦争は、昭和一二年七月七日の盧溝橋事件に端を発した日中戦争、昭和一六年一二月八日の真珠湾攻撃に始まった米英他連合国との第二次世界戦争へと拡大していった。

跡見女学校においても、昭和一二年以降、愛国子女団結成、慰問袋の作成、出征軍人家族慰問、勤労奉仕・勤労作業、報告団結成、学徒動員、校友会女子勤労挺身隊結成と戦時体制に応じていった。学徒動員では学校外の工場で風船爆弾作製や軍服縫製に従事したほか、学校内に設けられた工場では機関砲の弾倉の製造作業にあたったりした。

その後、戦局が緊迫し、空襲が本格化した。昭和二〇年五月二五日の空襲で校舎がかなり焼失したことはすでに記した。このとき、高齢で病気がちでもあった李子校長は長野県北佐久郡本牧村へ疎開していた。その留守宅を守っていた純弘は、空襲に遭い、必死の思いで消火活動をし、消防士を連れてくるなどしたという（跡見純弘「跡見家三代目の語り」『写真でみる跡見家の軌跡』、一二三頁）。おかげで花蹊の書院不言亭が残ったのであった。

しかし、この年、優に一〇〇〇名を超えていた生徒数は三〇〇名前後へと激減し、お塾にとどまる生徒もなくなっていった。

第二節　学校法人跡見学園

新学制下の教育体制の構築

昭和二〇（一九四五）年八月一五日、戦争が終わった。しかし、戦災を受けた校舎は約六割が使えぬような状況であった。九月、疎開先から帰京した跡見李子校長は、自ら陣頭に立って学校復興への指揮を執った。復興資金の募集には一〇〇〇名を超える応募者が集まった。昭和二一（一九四六）年に校舎の復旧工事に着手、昭和二四（一九四九）年には完了した。

跡見女学校は、戦時中の昭和一九（一九四四）年四月に跡見高等女学校となっていたが、昭和二一年三月、高等女学校の卒業を入学資格とする専攻科を設置した。三年制で、文科と家政科の二科を置いた。専攻科の設置により、跡見学園は女子高等教育の第一歩を踏み出した。

昭和二二（一九四七）年三月、「教育基本法」「学校教育法」が制定され、学制改革が行われた。これに則り、この年四月中学部（三年後に中学校と名称変更）を設置、昭和二三（一九四八）年四月には高等学校を設置した。

他方、開設して間もない高等女学校専攻科は、昭和二四年三月学生募集を停止し、これを継承するものとして新たに制度化された短期大学の設置を申請した。昭和二五（一九五〇）年三月認可され、五月一日、第一回入学式を挙行した。初代学長には跡見李子が就任した。発足時は文科と家政科の二学科であったが、昭和二七（一九五二）年四月からは生活芸術科が増設され、文科四〇名（入学定員）、家政科六〇名、生活芸術科六〇名の三学科体制となった。その後、昭和三三（一九五八）年には定員増が認可され、文科一〇〇名、家政科一二〇名、生活芸術科一二〇名、総入学定員三四〇名となり、短期大学の規模が確定した。

昭和二五年三月、「私立学校法」が施行された。同法の規定に沿い、財団法人跡見女学校から学校法人跡見学園への組織変更申請を行い、翌年二月二十一日に認可された。これにより、長く親しまれてきた「女学校」の名称は歴史の幕を閉じることとなった。学校法人跡見学園の初代理事長には跡見李子が就任した。かくして、李子は理事長、校長、学長を兼ね、跡見学園統合の象徴として在ったのである。

この頃、跡見花蹊、李子両校長の胸像が校友の力によって再建された。戦前に制作された二人の胸像は戦時下に供出の運命となっていた。今回の制作は彫刻家朝倉文夫《あさくらふみお》に委嘱され、花蹊胸像は昭和二四年六月一八日、李子胸像は昭和二五年五月二六日、完成披露された。両像は、今も跡見学園の生徒たちを温かく見守っている。

昭和三一（一九五六）年一二月一七日、跡見李子が逝去した。八十九歳であった。七〇年に及ばんとする女子教育の功績を称えられ、正六位勲五等に叙せられた。大正八（一九一九）年に跡見花蹊から校長職を受け継いでより、とりわけ花蹊没後の大正一五（一九二六）年以降、文字通りの牽引者として跡見学園を導いてきた。花蹊流の全人教育を受け継いだ李子は、みずからの教育者としての厳しさと温かさ、品位ある風格をもって、戦前から戦後へと社会が激変していくなかにあって、跡見の伝統をさらに確固たるものに築き上げたのであった。

女子大学の設置

新学制下、跡見李子が基礎を築いた中学校、高等学校、短期大学は、それぞれ女子教育機関として社会からの高い評価を受け、歴史を刻んでいった。そうしたなかで、一九六〇年代に入ると、日本経済の成長、女子の高等教育機関への進学率上昇などを背景に、跡見学園においても四年制大学を設置しようという気運が醸成されて行った。

大学を設置するとなると、大塚校地では「大学設置基準」を満たすだけの面積はなく、他に土地を求めなければならなかった。第四章に詳しく記しているように、跡見学園は埼玉県大和町（現和光市）白子に四五〇〇坪の土地を所有していた。主に農園として使用し、戦前戦後を通じて校外活動の地として活用してきた。当初、この白子の土地が大学校地の候補に挙げられていたが、ここととても十分な広さとは言えなかった。加えて、この土地が、昭和三九（一九六四）年の東京オリンピックの道路整備のために公用供出されることになった。しかし、幸いなことに、その代替用地として埼玉県北足立郡新座町（現新座市中野）に、四万九九三九平方メートル（約一万五〇〇〇坪）の土地を取得することができた。

昭和三九年九月三〇日、大学の設置認可申請書を文部省に提出、翌年一月二五日認可された。昭和四〇（一九六五）年、学園創立九〇周年にあたる年に跡見学園女子大学が設置されたのである。文学部国文学科四〇名（入学定員）、美学美術史学科（四〇名）の二学科としての発足であった。初代学長には、跡見李子の後を受け理事長、中学校・高等学校校長、短期大学学長を兼務していた飯野《いいの》保《たもつ》が就任し、同年四月一五日、第一回入学式を挙行した。校舎等の工事は昭和三九年一〇月に始まり、昭和四九（一九七四）年三月まで、学科増設に応じて四期に分けて行われた。開学式は、その第二期工事の完成をまって、昭和四一（一九六六）年一〇月二八日に挙行した。

新座キャンパス
『跡見学園女子大学五十年史』より掲載

その後、昭和四二（一九六七）年四月に英文学科（入学定員四〇名）を設置、昭和四六（一九七一）年一月には三学科ともに入学定員一〇〇名への増員が認められた。さらに、昭和四九年四月に文化学科（入学定員一〇〇名）を設置した。これにより、開学以来一〇年にして、一学部四学科、総入学定員四〇〇名という、大学当面の規模が確定した。

施設の面では、昭和五三（一九七八）年にクラブハウス棟、昭和五五（一九八〇）年にグリーンホール（食堂、ラウンジなどを付設）、昭和五九（一九八四）年に体育館と順次完成し、キャンパスが整えられた。

また、開学時、跡見学園在学中に夭逝した愛娘の冥福を祈念して父高山雄三郎によって寄贈され、京都の桜守佐野藤右衛門《さのとうえもん》によって選定・栽培された桜の苗木もしっかりと根付いていった。その後、卒業生などから寄贈されたものを加え、五〇年を経た平成二九（二〇一七）年の現在では、四三種類、一九五本の桜が毎年美しい花を咲かせ、大学キャンパスの桜として国内屈指の名所として知られるものとなった。

理事長跡見純弘と学園の発展

昭和六二（一九八七）年六月二四日、跡見純弘が学校法人跡見学園の第四代理事長に就任した。跡見純弘は大正一一（一九二二）年六月二三日、父富司（後藤氏）、母幾子の次男として生まれた。生地は、幾子がお塾の舎監の手伝いをしていた関係で、跡見女学校の柳町校地の宿舎内であった。『日記』第四巻の六月二三日の記事には、「十時半もはや出産ありたると李子より。直にうふやに行て見るに、玉の様なる男子にて、実にたくましき貌付、よく発育も出来て、悦ひ究りなし。十時廿分、分娩と云」（『日記』第四巻、五八五頁）とある。花蹊は、この日朝九時に幾子を見舞った後、午前中授業にあたっていたが、出産の報を聞いてすぐに産屋に駆けつけた。玉のような男の子の誕生に「悦ひ究りなし」と花蹊の喜びが溢れている。つづいて五日後の二八日の記事には、「純弘　予撰」（『日記』第四巻、五八六頁）とある。純弘という名をつけたのは花蹊自身であった。

その後、純弘は、昭和一六（一九四一）年、前述したように李子の養嗣子となった。ところで、純弘の祖父重威は花蹊の弟にあたるが、姓は「迹見」を使用していた。このことについて純弘は、「私の家は之繞の迹見で、私は跡見李子の養嗣子になったときに之繞から足偏の跡見になりました。それを不思議に思い、両親に尋ねたところ、どうやら迹見は「とみ」とも読むらしく、紛らわしいので花蹊が学校をつくるにあたり、足偏の跡見「あとみ」に変えたらしいのです。先祖は之繞で「とみ」と言い、「あとみ」ではありません」（跡見純弘「跡見家三代目の語り」『写真でみる跡見家の奇跡』、一一頁）と語っている。養嗣子になることで純弘の姓は、迹見から跡見へと変わることとなった。

昭和二三年慶應義塾大学を卒業後、純弘は長く三菱商事株式会社に勤めた。その間三〇年ほど学園の評議員はつとめていたが、学園とは距離を置いて、勤めに専念していた。しかし、昭和六一（一九八六）年、校友会幹部からの熱意溢れた要望が寄せられ、これに心を動かされた純弘が理事長に就任することとなったのである。

跡見純弘
『ブロッサム』創刊号より掲載

理事長となった純弘が学校の施設を見て回ったり、教職員との懇談を通して知ったのは、学園全体を統合する経営不在ともいうべき状況であった。そこで、理事長としてまず手をつけたのは、中学校・高等学校、短期大学、大学、法人事務局の四機関のコミュニケーション強化と、教育施設・設備の改善・充実であった。

最初の大事業は、大規模な戦災を受けてなお修復しつつ使用してきた中学校・高等学校校舎の新築であった。二年の工事期間を経て平成二（一九九〇）年三月、地上六階・地下二階、総面積一万三三八四平方メートル（旧校舎の一・五倍）からなる新校舎が完成し、学習環境は飛躍的に整備された。つづいて、平成三（一九九一）年短大体育館、中・高体育館を兼ねる跡見講堂、平成四（一九九二）年大学図書館、平成五（一九九三）年大学研究室棟と、教育機関の施設充実を実現していった。

他方で、純弘理事長は、平成二年一一月、学園の将来像構築のために、大学・短期大学・中学校高等学校の長に「今後取り得る諸方策について」諮問した。その答申を受け、三機関の代表からなる協議会を立ち上げ、実現の検討を委ねた。その結果、大学と短大間の教学上の連携（単位互換その他）、大学・短大の入学定員の臨時的定員増（大学は四学科併せて二九〇名増、短大は昭和五七〈一九八二〉年に設置した文科英文専攻の六〇名増）の半数の恒常定員化、大学新学部の設置など、さまざまな施策を実現した。

大学の新学部については、理事長の主導で外部の有識者による会議を設置した。その提言を受け、大学内の検討を重ねて、社会科学系の学問分野とすることに決まり、平成一四（二〇〇二）年四月、マネジメント学部（マネジメント学科入学定員一九五名）を設置した。同時に既存の文学部の改組を図り、国文・美学・英文・文化の四つの学科を統合し人文学科（入学定員四〇〇名）を設置、さらにまったく新しい学問分野として臨床心理学科（入学定員一〇〇名）を新設した。学部設置にあわせ、花蹊メモリアルホールを備えた新学部棟を竣工、長く一学部四学科で教育研究を行ってきた大学は二学部三学科体制となり、大学創設以来三七年にしてまさに第二の開学というべき時期を迎えたのである。

短期大学については、一八歳人口の急減、女子の四年制大学志向のなかで、数次にわたるカリキュラム改革、短期大学部への校名変更、学科改組、定員移動など、教育内容の充実をはかり、さまざまな対策を行った。しかし、その後安定した存続が困難となり、平成一九（二〇〇七）年三月、発足以来五七年にして閉学となった。短期大学の入学定員、教職員、校地・校舎等は大学の資源として活かされ、跡見学園の高等教育の充実に資するものとなっている。

大学は、平成一八（二〇〇六）年四月に文学部コミュニケーション文化学科（入学定員九〇名）、マネジメント学部生活環境マネジメント学科（八〇名）を設置した。他方で、大学院を構想し、平成一七（二〇〇五）年四月人文科学研究科（日本文化専攻、臨床心理学専攻）、翌年四月マネジメント研究科（マネジメント専攻）を設置した。また、平成二〇（二〇〇八）年には、閉学となった短期大学の教室棟跡地に大学用の新しい教室棟を新築した。これ以後、大学は、一、二年生の学ぶ新座と、三、四年生が学ぶ文京（茗荷谷）とのデュアルキャンパス体制となり、郊外と都心とのそれぞれの立地を活かした教育を実現し、今日に至っている。

こうして、昭和六二年に理事長に就任して以来二二年、跡見学園の発展に多大な貢献を果たしてきた跡見純弘は、平成二一（二〇〇九）年九月三〇日、理事長の職を辞した。その後も跡見学園の顧問として、少しも変わらぬ判断力と批評精神をもって学園の経営を見守り続けてきたが、平成二九年七月一二日、逝去した。享年九五であった。

跡見花蹊、李子を継ぐものとして、また企業人としてのすぐれた経営能力をもって実現してきたさまざまな改革は、純弘にして初めてなしうるものであった。跡見学園は、同年九月二四日「お別れの会」を挙行し、多数の参会者がその人となり、功績を偲んだ。

未来へ育む

平成二一年一〇月一日、跡見純弘の後を継いで、山崎一穎《やまさきかずひで》が理事長に就任した。

山崎は昭和四五（一九七〇）年四月、大学の専任教員として着任した。昭和五三年一〇月に四〇歳にして大学の学長に就任、平成一八年三月までの間にあわせて一九年学長職を勤めた。また、短期大学部学長、中学校高等学校校長も勤めた。三機関の長を勤め、跡見学園を最もよく知るものとして、跡見純弘の後をうけるにふさわしい理事長就任であった。

山崎理事長時代に入っても、跡見学園は停滞することなく、今日なお改革を進めている。

中学校高等学校にあっては、少子化のなかで将来もなお社会的に評価され、選ばれる学校たるべく、グランドデザインを策定して、その実現に鋭意力を注いでいる。

大学は、平成二二（二〇一〇）年四月に文学部現代文化表現学科（入学定員九〇名）、マネジメント学部観光マネジメント学科（九〇名）を設置、平成二七（二〇一五）年四月には第三の学部として観光コミュニティ学部（観光デザイン学科入学定員一一〇名、コミュニティデザイン学科八〇名）を設置した。さらに、平成三〇（二〇一八）年四月には、第四の学部として心理学部（臨床心理学科入学定員一一〇名）

の開設（文学部臨床心理学科の改組）が確定している。これにより、跡見学園女子大学は四学部八学科（総入学定員九七〇名）からなる大学となり、総合大学としての将来像を確実に描きつつ、着実に前進している。

　跡見学園は平成二七年に学園創立一四〇周年、大学創立五〇周年を迎えた。この間、昭和五〇（一九七五）年の一〇〇周年のときには跡見一〇〇年の年表を『跡見開学百年』として編み、平成一七年の一三〇周年のときには『跡見学園――一三〇年の伝統と創造』を刊行して跡見一三〇年の歩みをまとめた。大学も、五〇周年に際して『跡見学園女子大学五十年史』を刊行し、大学五〇年の歴史をしっかりと跡づけた。こうして、跡見学園は節目ごとに自らの歴史を祝い、検証し、将来を見透してきた。

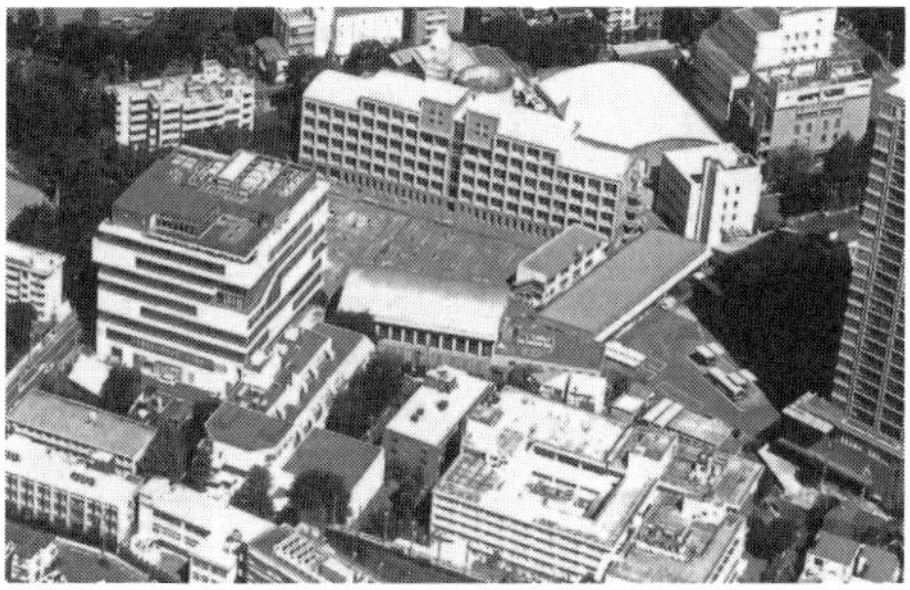

文京キャンパス
『跡見学園女子大学五十年史』より掲載

　跡見花蹊に関しては、平成二年九月二八日に跡見花蹊生誕一五〇年記念祝賀会を開き、平成七（一九九五）年に花蹊記念資料館を開館した。資料館は花蹊の書画をはじめとして歴史的文化的に貴重な資料を多数収集保管している。あわせて、李子、玉枝の資料も収集するなど、跡見家と跡見学園の資料センターとしての機能を果たしている。また、花蹊その人の言葉については、平成七（一九九五）年一一月に、卒業式での「訓辞」や女子教育・美術教育などについての随想を集めた『跡見花蹊教育詞藻』を刊行した。さらに平成一七年には『跡見花蹊日記』（全五巻）を刊行した。文久元（一八六一）年から大正一四（一九二五）年までの日記全四七冊を翻刻したものであり、学祖花蹊の教育理念と女子教育実現の全容を解明していくための重要な資料である。また、幕末期から大正期までの六〇年近くに及ぶ貴重な歴史的証言として高く評価されている。

跡見花蹊は、大正三（一九一四）年三月二七日の第二七回卒業式の「訓辞」で、「我校は由来我国固有の婦徳の精華を発揮するを以て旨とし、而も時の進に後れず、世の要望に背かざらんことを期せり」（中野一夫編『跡見花蹊教育詞藻』、三六頁）と述べた。日本の伝統・文化に対する深い教養を重視しつつ、社会や世界の動向を知り、取り入れるべきものは積極的に取り入れる、それが花蹊であった。また、井上幸子によれば、花蹊はつねに「目的をもたぬ者の動作は何事をさせても弱々しい」「確乎不抜の態度でしつかりやらねばいけない」（井上幸子「御師匠様の思ひ出」『汲泉』第一一二号、三〇頁）と言っていたという。女性としての豊かな教養としとやかさのうえに、確かな自覚と心つよく生きる姿勢を求める、それが花蹊であった。

後を継いだ跡見李子は教育者として身をもって花蹊の理念を実践した。花蹊、李子の後を継いだ跡見純弘は経営者として花蹊の理念の礎を築いた。また、花蹊の教育理念と事績を検証し、跡見純弘とともに跡見学園の改革を主導した山崎一穎は、学長時代に「自律と自立」を学生たちに呼びかけたが、それはまさに花蹊の理念を現代の言葉として表現したものであった。

今日、「自律と自立」は跡見学園の理念として共有のものとなっている。幕末期から明治、大正の激動の時代を凜として立ち、心つよく生き抜いた跡見花蹊のように、実践する力をもった教養を身につけ、柔軟に自らを律し、自ら立って社会に貢献できる女性がこれからも跡見学園から巣立っていくことであろう。

引用・参考文献

史料

『跡見家文書』跡見学園女子大学花蹊記念資料館所蔵。

『跡見女学校日誌』跡見学園女子大学大学資料室所蔵。

花蹊日記編集員会編『跡見花蹊日記』第一〜四・別巻、跡見学園、二〇〇五年。

宮内省先帝御事蹟取調掛編『孝明天皇紀』第一〜五巻・綱文、吉川弘文館、一九六七〜一九七一年。

黒板勝実・国史大系編修会編『続徳川實紀』第四・五篇、吉川弘文館、一九六七年。

外務省調査部編『大日本外交文書』第四巻、日本国際協会、一九三八年。

『弘化改正大坂細見図』播磨屋九兵衛、一八四五年。

直木孝次郎・森杉夫編『日本歴史地名大系』第二八巻（大阪府の地名）平凡社、一九八六年。

文部省編『学制百年史』帝国地方行政学会、一九七二年。

論文・著書

『跡見花蹊の名品　収蔵品目録新シリーズ二〇一四』跡見学園女子大学花蹊記念資料館、二〇一五年。

跡見花蹊述、田中久編『女の道』泰山房、一九一七年。

跡見花蹊編『彤管生輝帖　乾坤』和泉屋勘右衛門、一八八〇年。

跡見花蹊『をりをり草』実業之日本社、一九一五年。

跡見校友会編『汲泉』跡見校友会、一九〇〇年～現刊行中。

「跡見のお塾」記録の会編『跡見のお塾』「跡見のお塾」記録の会、二〇〇〇年。

跡見李子編『花の雫』跡見李子、一九二八年。

跡見学園『写真で見る跡見学園の歩み』二〇〇〇年。

跡見学園女子大学花蹊記念資料館編『跡見学園女子大学花蹊記念資料館開館記念特別展　跡見花蹊とその時代』跡見学園女子大学花蹊記念資料館、一九九五年。

跡見勝子編『みくにの花の香』跡見勝子、一九二〇年。

跡見家編輯『桜の我か世』跡見家、一九三一年。

跡見純弘「跡見家三代目の語り」跡見学園女子大学花蹊記念資料館『写真でみる跡見家の軌跡』跡見学園女子大学花蹊記念資料館、二〇一四年。

跡見玉枝『さくらの木陰』精華会、一九三九年。

石川謙編『女子用往来物分類目録』大日本雄弁会講談社、一九四六年。

石川謙、石川松太郎編『日本教科書大系　往来編　別巻二　続往来物系譜』講談社、一九七七年。

泉雅博「『跡見家文書』の語る跡見家の歴史」跡見学園女子大学花蹊記念資料館編『写真で見る跡見家の軌跡』跡見学園女子大学花蹊記念資料館、二〇一四年。

泉雅博「伊豆の世間師――『飯作岩次郎生死記事』について」『歴史と民俗』第二七号、二〇〇一年、二四九～二六八頁。

井上勝生『幕末・維新』岩波書店、二〇〇六年。

岩田秀行「一月八日と跡見の開校式」『にいくら』No.11、二〇〇六年。

岩田秀行「カセとレレン――『跡見花蹊日記』の登場人物」『にいくら』№12、二〇〇七年。

植田恭代「跡見花蹊日記からみるカリキュラム――落合直文との関わりにふれて」『跡見学園女子大学文学部紀要』第四一号、二〇〇八年。

植田恭代「跡見花蹊日記からみる白子」『跡見学園女子大学文学部紀要』第四二号、二〇〇九年三月。

植田恭代「跡見花蹊と跡見玉枝」『跡見学園女子大学文学部紀要』第四三号、二〇〇九年九月。

植田恭代「跡見玉枝の還暦祝賀会――跡見花蹊との交流にふれて」『にいくら』№18、二〇一三年。

植田恭代「跡見花蹊筆和歌扇面と昭憲皇太后」『にいくら』№21、二〇一六年。

大塚久編『跡見女学校五十年史』跡見女学校、一九二五年。

大河内輝声筆談、さねとうけいしゅう編訳「犬猿問答」『大河内文書――明治日中文化人の交流』平凡社、一九六四年。

刑部芳則『三条実美――孤独の宰相とその一族』吉川弘文館、二〇一六年。

小田部雄次「近代女子教育の規範」『昭憲皇太后・貞妙皇后――一筋に誠をもちて仕へなば』ミネルヴァ書房、二〇一〇年。

落合秀男編『落合直文著作集』一、明治書院、一九九一年。

「お茶の水女子大学百年史」刊行委員会編『お茶の水女子大学百年史』お茶の水女子大学刊行委員会、一九八四年。

折口信夫『被差別の民俗学』河出書房新社、二〇一七年。

笠原英彦『歴代天皇総覧――皇位はどう継承されたか』中央公論新社、二〇〇一年。

霞会館華族家系大成編輯委員会編『平成新修旧華族家系大成』上・下巻、吉川弘文館、一九九六年。

要真理子「フェミニズムが見た日本近代の女子教育――跡見花蹊の場合」『日本における「芸術」概念の誕生と死』平成一一～一四科学研究費補助金　基礎研究（A）（2）研究成果報告書、二〇〇三年。

川端直正編『浪速区史』浪速区創設三十周年記念事業委員会、一九五七年。

木津宗詮「跡見花蹊と木津得浅斎」『にいくら』No.22、二〇一七年、一〜七頁。

教育史編纂会編『明治以降教育制度発達史』第四・五巻、龍吟社、一九三八年、一九三九年。

榊原千鶴「『世界の花とならむ事を望む』――跡見花蹊にみる〝知〟の継承と明治初期の女性教育」名古屋大学文学部研究論集『文学』第五六号、二〇一〇年。

佐藤三郎「何如璋『使東述略』」『中国人の見た明治日本――東遊日記の研究』東方書店、二〇〇三年。

ジーボルト著、斎藤信訳『江戸参府紀行』平凡社、一九六七年。

嶋田英誠「跡見花蹊の前半生――『跡見学校』設立まで」大学五十年史編集委員会編『跡見学園女子大学五十年史』跡見学園女子大学、二〇一五年。

関博直編『姉小路公知傳』博文館、一九〇五年。

大学五十年史編集委員会編『跡見学園女子大学五十年史』跡見学園女子大学、二〇一五年。

田中彰「開国と倒幕」児玉幸多ほか編『日本の歴史　一五』集英社、一九九二年。

高橋勝介『跡見花蹊女史伝』東京出版社、一九三二年。

高橋敏『地方文人の世界』同成社、二〇一一年。

武部敏夫『和宮』吉川弘文館、一九六五年。

中野一夫「跡見花蹊と天誅組長野一郎と」『跡見学園中学校高等学校紀要』第一六号、一九八八年。

中野一夫編『跡見花蹊教育詞藻』跡見学園、一九九五年。

中村哲「明治維新」児玉幸多ほか編『日本の歴史　一六』集英社、一九九二年。

西成郡役所編『西成郡史』名著出版、一九一五年。

一三〇年史編集委員会編『跡見学園――一三〇年の伝統と創造』跡見学園、二〇〇五年。

百年史編集委員会編『跡見開学百年』跡見学園、一九七五年。

藤井瑞枝『跡見花蹊先生実伝　花の下みち』実業之日本社、一九一九年。

藤田覚『幕末から維新へ』岩波書店、二〇一五年。

明治神宮監修『昭憲皇太后実録』上巻、吉川弘文館、二〇一四年。

山川三千子『女官——明治宮中出仕の記』講談社、二〇一六年。

山崎一穎「メディアの捉えた跡見花蹊」『にいくら』No.1〈創刊号〉、一九九六年。

跡見花蹊の書画作品

秋虫瓜蔬図
跡見学園女子大学花蹊記念資料館所蔵

四季花卉図

跡見学園女子大学花蹊記念資料館所蔵

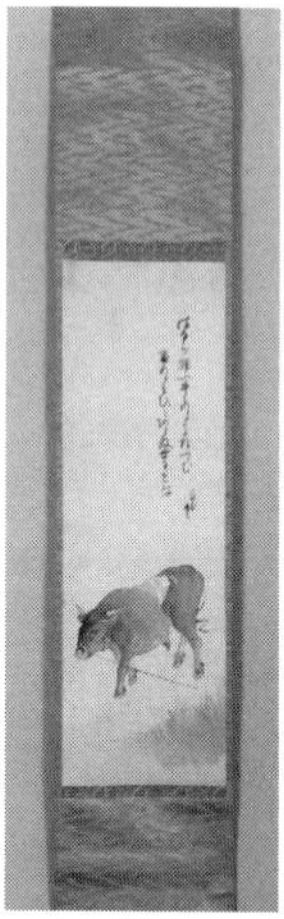

牛図自画賛
跡見学園女子大学花蹊記念資料館所蔵

秋草図屏風
跡見学園女子大学花蹊記念資料館所蔵

萬山畳翠図

跡見学園女子大学花蹊記念資料館所蔵

小倉百人一首かるた

跡見学園女子大学花蹊記念資料館所蔵

謡かるた

跡見学園女子大学花蹊記念資料館所蔵

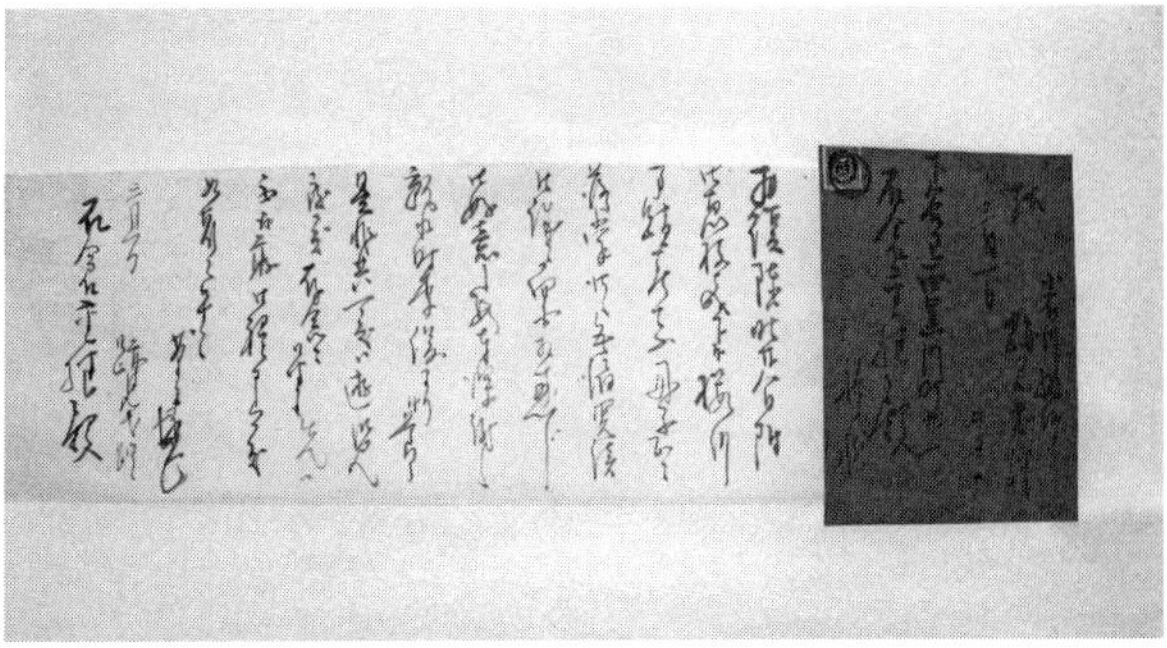

石倉重継宛書簡

跡見学園女子大学花蹊記念資料館所蔵

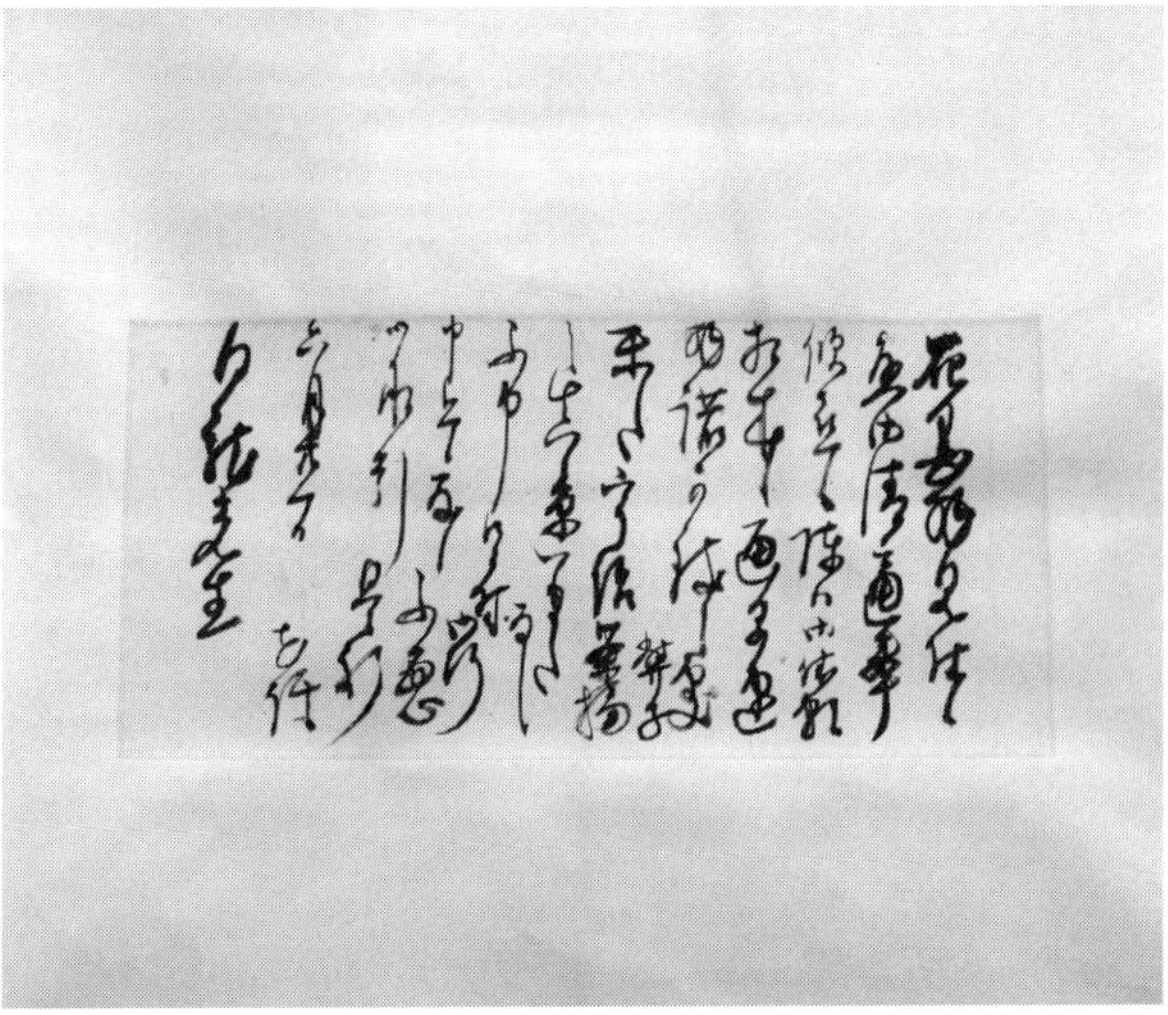

白龍宛書簡

跡見学園女子大学花蹊記念資料館所蔵

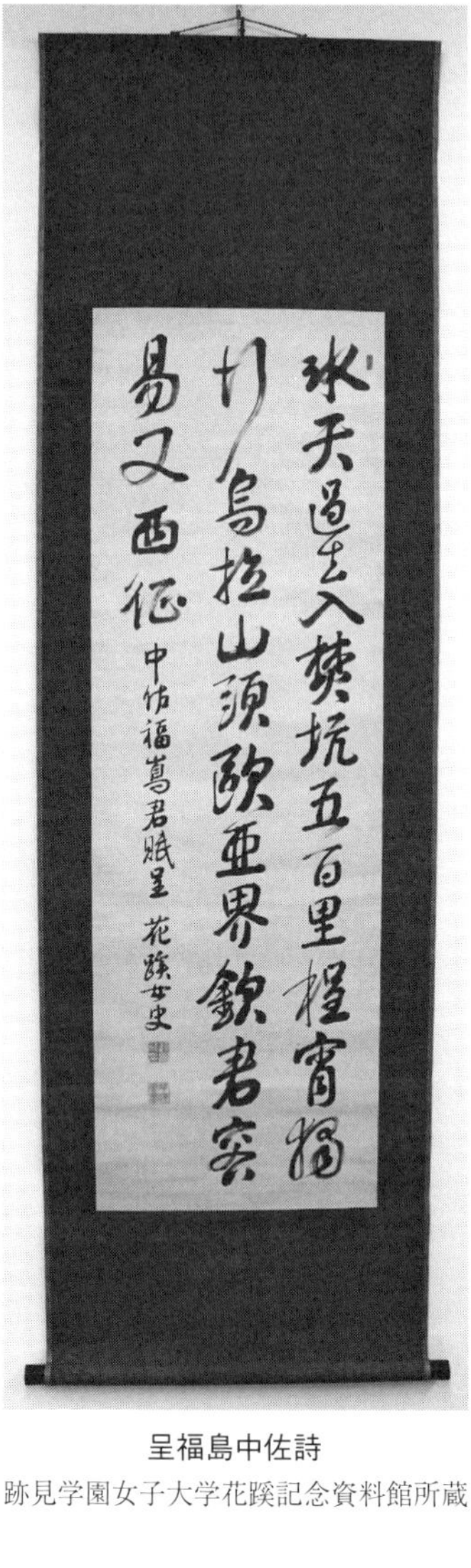

呈福島中佐詩
跡見学園女子大学花蹊記念資料館所蔵

四季のはな（抜粋）
跡見学園女子大学花蹊記念資料館所蔵

おわりに

ミネルヴァ書房の編集者渡辺麻莉子さんから、跡見花蹊の伝記出版の提案をいただいたのは平成二八（二〇一六）年三月八日のことであった。跡見学園女子大学が一年生の必修授業として設定している「花蹊の教育とライフプラン・キャリアプラン」という授業内容を知り、発案したものだという。

跡見花蹊の伝記はこれまでに二点刊行されている。花蹊在世中の藤井瑞枝『跡見花蹊先生実伝　花の下みち』（実業之日本社、一九一九）と、没後の高橋勝介『跡見花蹊女史伝』（東京出版社、一九三二）である。いずれも、花蹊自身の言葉や花蹊を知る人の回想などを交えて、跡見花蹊をよく浮かび上がらせているが、現在では入手困難な書である。平成二（一九九〇）年の花蹊生誕一五〇年記念の際に、跡見学園がこの二著をセットにして『跡見花蹊傳』として刊行したが、これも容易に手に入れて読めるものとは言い難い。近年のものでは嶋田英誠「跡見花蹊の前半生」（跡見学園、二〇一五）が、文献を博捜し、詳細に花蹊を跡付けて優れたものだが、跡見学校開校までのものとなっている。

このような状況にあって、近々の跡見花蹊伝の上梓は、学園関係者にとって心に期するものであった。山崎一穎理事長、山田徹雄学長の賛同を得て、翌四月の一日、前理事長跡見純弘顧問に企画の概略を説明して、ご意見を伺った。跡見顧問は即座に「いいんじゃないかな」と賛意を示された。あの時から二年近くがたち、ようやく刊行の運びとなったが、昨年七月に亡くなられた跡見顧問に見ていただけないのが深い心残りである。

本書の執筆は、第一章・第二章を泉雅博、第三章・第四章を植田恭代、第五章を大塚博が担当した。本書の刊行には二年を要したが、この短期間で刊行できたのは先人の残した仕事のおかげである。何と言っても『跡見花蹊日記』（全五巻、跡見学園、二〇〇五）に負うところが大きい。日記の解読・出版の中心を担った岩田秀行教授をはじめ翻刻担当者の多大な労があって、初めて本書の刊行も可能となった。さらに、花蹊の事跡をたどるうえでは、嶋田英誠元学長の「跡見花蹊の前半生」なくしては成り立ち得なかった。記して、厚く謝意を表したい。

また、花蹊記念資料館の中出ひとみさんには花蹊関連資料の確認・提供に尽力いただき、大学資料室の中村英昭さんには原稿や年譜の取りまとめを担っていただいた。あわせて御礼申し上げる。

そして渡辺麻莉子さんの後を受けて担当編集者となった林志保さんには、たびたびのスケジュール修正や表記の統一など、さまざまなお力添えをいただいた。心からの感謝を申し上げたい。

筆者一同

平成三〇年一月八日　跡見学園創立記念の日に

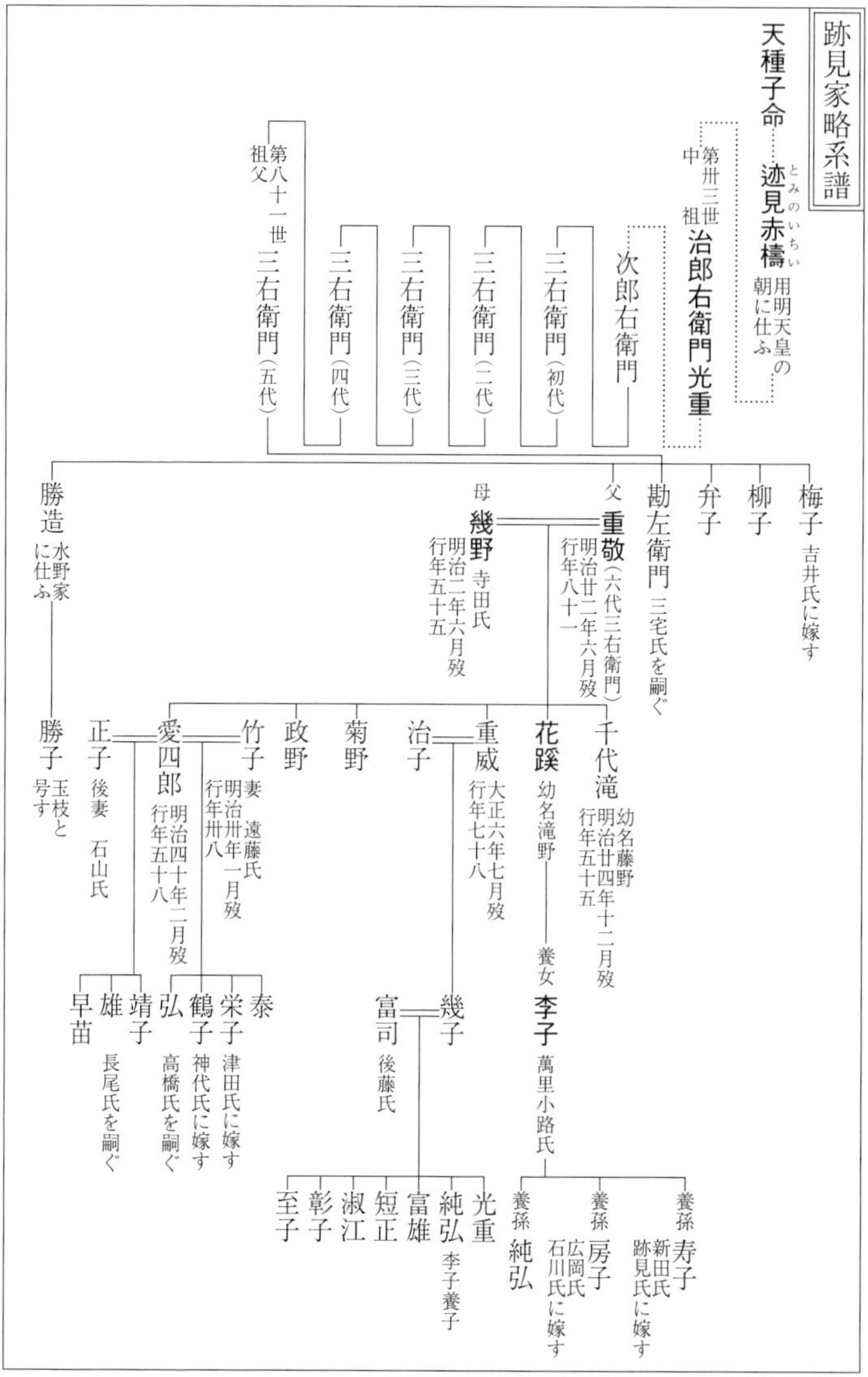

跡見家略系譜
天種子命
迹見赤檮《とみのいちい》 用明天皇の朝に仕ふ
第卅三世中祖 治郎右衛門光重
次郎右衛門
三右衛門（初代）
三右衛門（二代）
三右衛門（三代）
三右衛門（四代）
第八十一世祖父 三右衛門（五代）
梅子 吉井氏に嫁す
柳子
弁子
勘左衛門 三宅氏を嗣ぐ
父 重敬（六代三右衛門） 明治廿二年六月歿 行年八十一
母 幾野 寺田氏 明治二年六月歿 行年五十五
勝造 水野家に仕ふ
千代滝 幼名藤野 明治廿四年十二月歿 行年五十五
花蹊 幼名滝野
重威 大正六年七月歿 行年七十八
治子
菊野
政野
竹子 妻 遠藤氏 明治卅年一月歿 行年卅八
愛四郎 明治四十年二月歿 行年五十八
正子 後妻 石山氏
勝子 玉枝と号す
養女 李子 萬里小路氏
幾子
富司 後藤氏
泰
栄子 津田氏に嫁す
鶴子 神代氏に嫁す
弘 高橋氏を嗣ぐ
靖子
雄 長尾氏を嗣ぐ
早苗
光重
純弘 李子養子
富雄
短正
淑江
彰子
至子
養孫 寿子 新田氏 跡見氏に嫁す
養孫 房子 広岡氏 石川氏に嫁す
養孫 純弘

跡見花蹊（跡見学園）略年譜

和暦	西暦	花蹊年齢	学園年齢	関連事項	一般事項
文化六	一八〇九			8・1 跡見重敬生まれる。	
一二	一八一五			寺田幾野生まれる。	
天保六	一八三五			9月 跡見重敬、寺田幾野を妻に迎える。	
八	一八三七			12・27 跡見家長女藤野（千代瀧）生まれる。	2・19 大塩平八郎の乱。
一一	一八四〇	1		4・9 花蹊、跡見家次女として誕生。父重敬三十一歳、母幾野二十六歳のとき。瀧野と名付けられる。	6・28 アヘン戦争始まる。
一三	一八四二	3		跡見家長男重威生まれる。	8・29 アヘン戦争終結。
一四	一八四三	4		花蹊、この年より書を父母に学ぶと回想。	
嘉永三	一八五〇	11		1・1 跡見家次男愛四郎生まれる。	
四	一八五一	12		花蹊、この年より円山派の石垣東山に入門、のち天王寺村の槇楚山につく。	
六	一八五三	14			6・3 米使ペリー浦賀に来航。
七	一八五四	15			3・3 日米和親条約締結。

跡見花蹊（跡見学園）略年譜

安政	一				
	三	一八五六	17	花蹊、この年から翌年にかけて京都に遊学。頼山陽門下の宮原節庵につき漢籍・詩文・書法を、円山派の円山応立・中島来章、南画の日根対山につき絵画を学ぶ。	10・20 二宮尊徳没、七十歳。
	四	一八五七			吉田松陰、松下村塾を引き継ぐ。
	五	一八五八	19	父重敬、家塾を木津村から大坂三郷中之島に移す。花蹊を遊学先の京都から呼びよせ、ともに塾の運営にあたる。この頃から、漢籍・詩文・書法を後藤松陰に、和歌を高橋正純に、茶の湯を木津宗詮（二代）に学ぶ。	6・19 日米修好通商条約締結へ。 9・7 安政の大獄始まる。
	六	一八五九	20	4・4 千重丸（公義）生まれる。 8月 父重敬、姉小路公知に仕える約定が成立し京に上る。父に代わり花蹊一人で中之島の塾の経営に当たる。跡見学園の淵源。	
	七	一八六〇	21		3・3 桜田門外の変。
万延	一				
	二	一八六一	22	8・6 仁孝天皇皇女親子内親王（和宮）の将軍家への降嫁に際し、花蹊は付人として推挙されたが、姉小路公知の意見に従って辞退する。	
文久	一				
	二	一八六二	23	10・12〜12・26 正使三条実美、副使姉小路公知	1・15 坂下門外の変。

文久三	一八六三	24	の攘夷別勅使に跡見重敬・重威父子随従する。 3・11 花蹊、孝明天皇の加茂下上両社への攘夷祈願行幸を見学する。 4・11 花蹊、孝明天皇の石清水八幡宮への攘夷祈願行幸を見学する。 5・20 姉小路公知、朝廷より退出のとき、朔平門外の猿ヶ辻で賊に襲われ、翌二一日死去する。 8月 従兄弟の吉井儀蔵、長野一郎と名を変え天誅組の変に参加。捕らえられ、翌年2・17 処刑される。 9・5 吉井儀蔵の兄吉井見蔵、取調中に自刃する。 11・6 花蹊、和宮への進上品として、人物・花鳥・山水など絹本三〇枚仰せ付けられる。	8・21 生麦事件。 5・20 朔平門外の変（猿ヶ辻の変）。 8・18 八月一八日の政変。
元治一	一八六四	25		7・19 京都御所禁門の変（蛤御門の変）。
慶応一	一八六五	26	9・26 花蹊、中之島から京に移り住む。 12・13 花蹊、転居する。	
二	一八六六	27	3・27 千重丸の元服式が行われ、姉小路公義と名乗る。 9・3 花蹊、京都岡崎の香川景嗣の宅を借りて	

三	一八六七	28	移る。 12・29 東洞院二条上ルの新居「不言亭」に引っ越す。 11月 御所内の姉小路邸で「ええじゃないか」が起こる。	8～12月「ええじゃないか騒動」起こる。 10・14 将軍大政奉還上表を朝廷に提出。 12・9 王政復古の大号令発布。
四 明治一	一八六八	29	10・18 二代目校長跡見李子誕生。萬里小路通房の次女、のち花蹊の養女となる。	3・14 五箇条の誓文発布。 7・17 江戸を東京と改称。 9・8 明治と改元し、一世一元の制を定める。
二	一八六九	30	6・7 母幾野東洞院二条上ルの不言亭で病没する。享年五十五歳。京都堺町清浄華院に葬る。	3・7 公儀所を東京に開き、天皇、東京へ向かう。
三	一八七〇	31	9・11 父重敬・弟愛四郎、姉小路公義に従って東上する。	
四	一八七一	32	11・17 花蹊、京都の家塾を閉じて東上する。 11・29 花蹊、築地の沢邸に入る。 1・15 皇室からの命で、絹本竪物四季花卉四枚、絹本横物花鳥一二枚、絹本横物花草物一二枚揮毫。	7・14 廃藩置県。

明治五	一八七二	33		3・27 花蹊、外務省へ清国向けの画帖一五葉を差し出す。 2・26 沢邸が焼失、沢家・姉小路家・跡見家ともに石山家に寄寓。 4・7、8 姉小路・跡見両家、三崎町一丁目一番地に引っ越す。 11・8 花蹊、宮中に参内、皇后の前で揮毫仰せ付けられる。	8・3 学制頒布。 9・12 新橋—横浜間鉄道開通へ。
六	一八七三	34		2・12 花蹊、英照皇太后の前で書画多数揮毫。 5・13 花蹊、教部省より教導職権訓導を拝命、女教院の設立に尽力する。 10・25 花蹊、浜離宮に召され皇后の前で揮毫。 この年 ウィーン万国博覧会に画を出展する。	
七	一八七四	35		5・23 女教院開校祭典行われる。 7・10 校舎建築着工。	2月・3月 佐賀の乱。
八	一八七五	36	1	この年 跡見学校開校。 6・19 中猿楽町一三番地地所買得。 7・10 中猿楽町一三番地地券状請取。 8・14 塾棟上げ。 11・13 「私学開業願」を東京府に提出する。 11・26 八意思兼神を祀る祭典を行う（八意思兼神の祭典）。	4・14 元老院・大審院・地方官会議を設置し、漸次立憲政体を立てるとの詔勅出る（立憲政体の勅許）。

九	一八七六	37	2		10・24 神風連の乱。 10・27 秋月の乱。 10・28 萩の乱。
一〇	一八七七	38	3		2・15 西南戦争始まる。
一一	一八七八	39	4	8・15 花蹊、門生八名を引率して清国公使館を訪れ、公使何如璋と書画の贈答をする。 11・24 開校三周年記念式。	
一四	一八八一	42	7		10月 明治一四年の政変。
一六	一八八三	44	9	7月 東京府に「開申書」を提出、入学生の学力を小学初等科を卒業したものとする。 5・10〜11・10 文部省の要請により米国フィラデルフィアの教育博覧会に生徒が絵画を出品。	11・28 鹿鳴館落成、開館式。
一八	一八八五	46	11	9・21 米国ワツソン夫人を招いて英語教育を始める。	
一九	一八八六	47	12	8月 跡見玉枝、上京。	
二〇	一八八七	48	13	8・9 小石川柳町に校地を得て校舎建築着工。同一二月に竣工。	
二一	一八八八	49	14	1・8 小石川柳町校舎開校式。	10・27 皇居落成。宮城と改称。
二二	一八八九	50	15	6・15 父重敬没八十一歳、小石川伝通院寺中に埋葬。	
二三	一八九〇	51	16	4・6 第一回卒業式を行う。一三名に卒業証書	10・30 「教育ニ関スル勅語」

				を授与。 4・13 汲泉会発足式。	（教育勅語）発布。 11・25 第一回帝国議会召集。
明治二五	一八九二	53	18	3・7 跡見女学校規則改正。 12・16 米国シカゴ博覧会に花蹊の屏風「四季草花之図」を出品する。	
二七	一八九四	55	20	4月 跡見女学校規則改正。	8・1 日清戦争始まる（一八九五年三月まで）。
三二	一八九九	60	25	2・21 式服制定（黒木綿五ツ紋など）。	2・8 高等女学校令公布。
三三	一九〇〇	61	26	4・1 この日の卒業式で現在の校歌が初めて歌われる。 4・15 汲泉会を拡張、跡見校友会を組織する。 6・10 校友会機関紙「汲泉」第一号発刊。	
三四	一九〇一	62	27	5・13 従来の随意科的制度を廃止して、新たに本科・予科・別科を置く。	
三五	一九〇二	63	28	4・5 校則変更。予科を廃し、全課程を五年とする。［本科］国文・漢文・数学・英語・習字・絵画・裁縫・地理・歴史・理科・家政・唱歌・体操［別科］琴曲・点茶・挿花とする。	1・30 日英同盟協約、調印。
三六	一九〇三	64	29	4・6 新たに補習科を設ける（選択自由、割烹・礼法・簿記など）。 9月 閑院宮載仁親王第一女子恭子入学（三七年	

三七	一九〇四	65	30	に第二女子茂子、三八年に第三女子李子がそれぞれ入学）。	2・10 日露戦争始まる（一九〇五年九月まで）。
三九	一九〇六	67	32	9・4 校則を改め、五年制高等女学校令に準拠することになる。	
四〇	一九〇七	68	33	11・25 校友会臨時大会において学校の拡張と、学校組織を財団法人とすることがはかられる。	
四二	一九〇九	70	35	5・9 創立三五周年記念、ならびに花蹊古稀祝賀会を開催。	10・26 伊藤博文ハルピンにて暗殺される。
四三	一九一〇	71	36		8・22 韓国併合に関する「日韓」条約調印。
四四	一九一一	72	37	5・20 新築寄宿舎落成、寄宿生八七名が引き移る。	
四五 大正元	一九一二	73	38	3・27 新築の雨天体操場で第二五回卒業式が行われる。 7・8 花蹊、勲六等宝冠章を授与される。	
二	一九一三	74	39	4・7 新築校舎完成により新一年生を三組編成とする（それまでは一～二組）。 10・17 新築校舎落成式が行われる。 11・21 財団法人跡見女学校の設立が認可される。	

大正三	一九一四	75	40		7・28 第一次世界大戦勃発。
四	一九一五	76	41	11・15 大正天皇の即位を記念して校服が定められる。	
五	一九一六	77	42	5・8 跡見花蹊喜寿祝賀会、花蹊、「朱文公勧学文」一軸を揮毫し、その由来を添えて学校に寄贈。	
七	一九一八	79	44	9・2 専門学校入学に関して跡見女学校卒業者は修業年限四年の高等女学校卒業者と同等以上の学力を有するものと認められる。	
八	一九一九	80	45	3・31 花蹊、高齢のため校長職を辞任、養嗣子李子に譲る。	10・27 ヴェルサイユ講和条約可決。
九	一九二〇	81	46	10・30 教育勅語渙発三〇年記念に際し、花蹊・李子両校長、東京府知事より表彰される。	1・10 国際連盟発足。
一〇	一九二一	82	47	12・23 高等女学校高等科（修業年限二年）の入学に関して高等女学校を卒業した者と同等以上の学力を有するものと認められる。	
一一	一九二二	83	48	4・18 校舎の再拡張ないしは移転の議が理事会で正式にとりあげられる。 6・23 第四代目理事長跡見純弘誕生。 10・30 学制頒布五〇年記念祝典に際し、花蹊、教育功労者として表彰される。その記念事業と	

				して在校生父母および校友会は郊外土地購入の件を計画する。	
一二	一九二三	84	49	5・10 李子校長、欧米教育視察の途に上る（同年一一月二七日帰朝）。	9・1 関東大震災。
一三	一九二四	85	50	1・16 埼玉県白子村（現和光市）に約四五〇〇坪の土地を入手し登記を完了。	
一四	一九二五	86	51	4・25 花蹊叙勲（勲五等端宝章）。開校五〇年式典が挙行される。閑院宮・東伏見宮臨席。	3・19 治安維持法成立。 3・29 普通選挙法成立。
一五 昭和元	一九二六	87	52	1・10 跡見花蹊没、享年八十七歳。従五位下に叙せられる。小石川光円寺に葬られる。 1・23 学校拡張のため校債募集することを理事会で決定する。	
五	一九三〇		56	2・24 洋服の校服を制定、四月入学の新一年生から実施。 3・18 理事会にて大塚の陸軍兵器廠跡四四五五・一五坪を大蔵省から購入することを決議。 6・12 大塚校地の受け渡しが大蔵省との間で完了。 6・28 財団法人跡見女学校後援会発起人会が開かれ、後援会規程を定める。	1・21 ロンドン海軍軍縮会議始まる。
六	一九三一		57		9・18 満州事変始まる。
七	一九三二		58	12・19〜23 新校舎ほぼ落成。移転開始。	5・15 五・一五事件。

和暦	西暦				
昭和八	一九三三		59	12・27 新寄宿舎への移転が行われる。 1・10 李子校長発願による、山崎朝雲作桜観世音菩薩像の開眼供養式が執り行われる。 1・11 大塚新校舎にて始業式行われる。 4・23 新校舎の落成式が挙行される。閑院宮妃殿下臨席。	3・27 国際連盟日本脱退。
九	一九三四		60	5・12 学校創立六〇周年記念式典が行われる。	
一一	一九三六		62	1・11 本山白雲作花蹊胸像の除幕式が行われる。	2・26 二・二六事件。
一二	一九三七		63	9・25 慰問袋二五〇〇個を陸軍恤兵部に献納。最初の慰問袋作製。 11・3 跡見女学校愛国子女団が結成される。	7・7 支那（日華）事変勃発。
一三	一九三八		64	3・8 慰問袋一一六一個を愛国婦人会に寄託。 7・20 二四日までの五日間全校あげて勤労奉仕（この年から終戦まで様々な勤労奉仕・勤労作業を行う）。 9・23 第五時に防空避難訓練が行われる（翌年夏休みから本格的な防空演習を行わせる）。	4・1 国家総動員法公布。
一四	一九三九		65	7・28 夏季林間学校を妙高高原池ノ平に開く（のち報国団行事となり一八年まで実施）。	
一五	一九四〇		66	11・15 本山白雲作李子像除幕式が行われる（花蹊銅像とともに戦時中供出）。	9・27 日独伊三国同盟調印。

一六	一九四一		67	12・25 三〇日まで池ノ平にて校友のスキー家黒田米子指導によるスキー練習を行う。	12・8 真珠湾攻撃。
一八	一九四三		69	4月 この頃から跡見報国団結成に向う。 10・13 跡見女学校校友会女子勤労挺身隊結成される。	
一九	一九四四		70	4・1 跡見女学校廃止、跡見高等女学校となる（四年制）。 7月 四年生と五年生は全員学徒動員となる。	6・6 連合軍、ノルマンディー上陸開始。
二〇	一九四五		71	1・27 東京宝塚劇場の動員から帰途の生徒三名が、有楽町駅にて空襲にあい、死傷。 3・9 夜半一〇日にかけて東京大空襲。校舎に被害はなかったが、下町地区焼亡甚だしく、本校生徒二名犠牲となる。 3・27 御楯会（五年生）、真弓会（四年生）の卒業式同時に行われる。 3・29 李子校長、長野県北佐久郡本牧村へ疎開。 4・14 早朝の空襲で体育館が全焼。 5・25 夜の空襲で東京市街地の被害甚大。新館全焼、本館の二階・三階および別館の三階が外壁を残して消失。 8・15 終戦、生徒数三〇〇名前後（一九年四月	8・6 広島原爆投下。 8・9 長崎原爆投下。 8・14 ポツダム宣言受諾。

昭和二一	一九四六	72	には一三九八名）。 3・16 跡見高等女学校専攻科（三年制）付設認可申請。 3・30 跡見高等女学校専攻科の設置認可。 4・16 高等女学校入学式、当時の生徒数一〇三四名（五年制に戻る）。 4・25 専攻科第一回入学式（文科七二名、家政科八〇名）。	11・3 日本国憲法公布。
二二	一九四七	73	4・1 学制改革により跡見学園中学部を設立。 4・14 新学期による中学部第一回入学式。 10・24 遠足始まる。 10・29 中学一年生徒歩で白子農園に出かけ芋掘り。	6・5 アメリカ、欧州復興計画（マーシャル・プラン）を表明。
二三	一九四八	74	3・10 跡見学園高等学校の設置認可。 4・1 新制高等学校発足（第一学年二三〇名）。 7・11 中学部第一学年「父母と先生の会」（PTA）発足 9・15 校内放送開始。	4・1 ソ連、ベルリン封鎖開始。
二四	一九四九	75	3・25 新制高等学校第一回卒業式（薫風会）、高等女学校最後の卒業式（翠光会）。 3・31 跡見学園女学校廃止の件認可。この年図書館活動開始。修学旅行復活。	2月 ドッジラインにより人員整理、倒産相次ぐ。 11・3 湯川秀樹がノーベル物理学賞を受賞。

二五	一九五〇	76	3・14 跡見学園短期大学の設置認可。（4・1 跡見李子、学長就任。） 5・26 創立七五年記念式典、李子寿像献納式。 6月 生徒規約の制定と「生徒の会」発足。 11・10 跡見学園中学部を跡見学園中学校に改称。	6・25 朝鮮戦争勃発。
二六	一九五一	77	2・21 財団法人跡見女学校の学校法人跡見学園への組織変更認可。 3・3 学校法人第一回理事会開催、理事長に跡見李子、理事九名。幹事二名を選出。 5・22 中学高等学校二期制の導入を決定（四月〜九月 後期一〇月〜三月）。	9・8 対日平和条約・日米安全保障条約、サンフランシスコで調印。
二七	一九五二	78	2・20 短期大学生活芸術科設置認可。 10・18 創立七七年記念祝典を挙行。	7・1 東京国際空港（羽田）開港。
二九	一九五四	80	4・1 跡見学園短期大学学生会設立。 4・1 高等学校制服改定。 7・20 『汲泉』復刊第一号発行。	3・1 第五福竜丸、ビキニ環礁でアメリカの水爆実験に被災。 7・1 自衛隊発足。
三〇	一九五五	81	5・20 千葉県鵜原（現勝浦市）寮建築の上棟式。 7・10 鵜原寮の落成式。 10・22 創立八〇周年記念祝典を挙行。	

昭和三一	一九五六	82	12・17 理事長跡見李子没、享年八十八歳。	
三二	一九五七	83	2月 飯野保、理事長就任。 2・16 飯野保、中学高等学校校長就任。 2月 飯野保、短期大学学長就任。 12・7 跡見校友会短大卒業生の会（現・桃李の会）発足、短大以外の卒業生の会を跡見校友会泉会としてこれと区分。	
三三	一九五八	84	この年 中学校校服を若干改定。 2・17 短期大学入学定員の変更認可。	12・23 東京タワー完工。
三五	一九六〇	86		1・19 日米新安全保障条約締結。
三七	一九六二	88		10月 ケネディ米大統領、キューバの海上封鎖を宣言。
三八	一九六三	89	3月 白子農園第一次処分一六五〇平方メートルを国道用地として公共供出。 11・9 飯野理事長以下学園首脳、新座校地を視察。 12月 新座校地の遺跡（尓比久良堅穴住居群趾）発掘調査。この年 大学設立のため埼玉県新座町大和田（現新座市）に校地を購入。	11・22 ケネディ米大統領暗殺される。 11・23 初の日米間テレビ宇宙中継受診に成功。
三九	一九六四	90	9・30 跡見学園女子大学設置認可申請書を文部	9・17 東京モノレール、浜

				大臣に提出。	松町―羽田空港開業。 10・1 東海道新幹線、東京―新大阪間開業。 10・10 東京オリンピック大会開催。
四〇	一九六五		91	1・25 跡見学園女子大学設置（文学部国文学科・美学美術史学科）認可。 3月 第一期工事完工。 4・1 跡見学園女子大学開学。飯野保学長、伊藤嘉夫学監就任。	10・21 朝永振一郎がノーベル物理学賞を受賞。 11・19 戦後初の赤字国債発行を閣議決定。 11月 イザナギ景気はじまる。
四一	一九六六		92	10・30『跡見学園九〇年』発刊。	6・29 ザ・ビートルズ来日、30日、日本武道館で公演。
四二	一九六七		93	4・1 跡見学園女子大学　英文学科増設。	
四三	一九六八		94	4・29 飯野理事長叙勲、勲三等旭日中綬賞。	10・17 川端康成がノーベル文学賞を受賞。 12・10 東京・府中で三億円事件が起こる。
四四	一九六九		95	3・25 跡見学園女子大学第一回卒業式挙行。 跡見校友会一紫会発足。	
四六	一九七一		97		6・17 沖縄返還協定調印。

四九	一九七四	100	4・1 跡見学園女子大学 文化学科増設。	10・8 佐藤栄作がノーベル平和賞を受賞。
昭和五〇	一九七五	101	10・7 飯野保、理事長退任、学園顧問となる。 10・21 跡見学園創立一〇〇年記念式典を挙行。	
五一	一九七六	102		7・27 東京地検、田中前首相をロッキード事件で逮捕。
五二	一九七七	103	10・12 伊地知辰夫、理事長就任。	
五七	一九八二	108	4・1 跡見学園短期大学文科に英文専攻課程増設（文科―国文専攻・英文専攻となる）。	
五八	一九八三	109	5・13 元理事長飯野保没、正五位に叙せられる。	4・15 東京ディズニーランド、千葉県浦安市に開園。
六〇	一九八五	111	10・19 跡見学園創立一一〇周年祝賀会を挙行。	
六二	一九八七	113	6・24 跡見純弘、理事長就任。	
平成二	一九九〇	116	3月 中学校高等学校新校舎竣工。 9・28 跡見花蹊生誕一五〇年記念祝賀会開催。	8・2 イラク軍がクウェートに侵攻。湾岸危機。 10・3 東西ドイツ、四一年ぶりに統一。
五	一九九三	119	6・3 女子大学研究室棟竣工式。	
七	一九九五	121	4・1 跡見学園女子大学短期大学部に改称。 11・11 学園創立一二〇周年記念式典挙行（コミュニケーションシンボルの制定）。	1・17 阪神・淡路大震災発生。 3・20 地下鉄サリン事件発

				生。
八	一九九六	122	11・15 女子大学創立三〇周年を記念し花蹊記念資料館開館。 12・26 跡見学園女子大学花蹊記念資料館、博物館相当施設の指定を受ける。	
一〇	一九九八	124	10・14 跡見学園女子大学、マルチメディア教育センター開設（現、情報メディアセンター）。	
一一	一九九九	125		1・1 EU通貨統合。
一二	二〇〇〇	126	10・10 跡見学園創立一二五周年記念として、『写真で見る跡見学園の歩み』刊行。	
一三	二〇〇一	127		9・11 米同時多発テロ。
一四	二〇〇二	128	3・23 女子大学三号館、四号館、花蹊メモリアルホール竣工式。 4・1 跡見学園女子大学、文学部の国文学科、美学美術史学科、英文学科、文化学科を改組転換し、人文学科を開設。文学部に臨床心理学科を開設。マネジメント学部を増設してマネジメント学科を開設。心理教育相談所開設。	
一六	二〇〇三	129		3・20 イラク戦争開戦。
一七	二〇〇五	131	4・1 跡見学園女子大学大学院人文科学研究科（日本文化専攻修士課程・臨床心理学専攻修士課程）を開設。 11・12 跡見学園創立一三〇周年記念として、	10・14 郵政民営化関連法案が成立。

平成一八	二〇〇六	132	『跡見学園　一三〇年の伝統と創造』刊行。『跡見花蹊日記』刊行。 4・1　跡見学園女子大学大学院マネジメント研究科（マネジメント専攻修士課程）を文京キャンパスに設置。跡見学園女子大学、文学部にコミュニケーション文化学科を開設。マネジメント学部に生活環境マネジメント学科を開設。	
一九	二〇〇七	133	3・31　跡見学園女子大学短期大学部閉学。	
二〇	二〇〇八	134	9・6　文京キャンパス二号館完成。学部後期課程が文京キャンパスに移転。	9・15　リーマンショック。
二一	二〇〇九	135	10・1　山崎一穎、理事長就任。	
二二	二〇一〇	136	4・1　跡見学園女子大学、文学部に現代文化表現学科を開設。マネジメント学部に観光マネジメント学科を開設。	
二三	二〇一一	137		3・11　東日本大震災発生。
二七	二〇一五	141	4・1　跡見学園女子大学、観光マネジメント学科を改組し、観光コミュニティ学部を増設して観光デザイン学科、コミュニティデザイン学科を開設。 10・24　跡見学園創立一四〇周年・跡見学園女子大学開学五〇周年記念式典挙行。『跡見学園女子大学五十年史』刊行。	

二八	二〇一六		142	4月 中学校高等学校の制服が変わる。
二九	二〇一七		143	7・12 顧問（前理事長）跡見純弘没、享年九十五歳。
三〇	二〇一八		144	4・1 跡見学園女子大学、心理学部臨床心理学科開設。

※年の区切りは西暦を基準としたが、明治五（一八七二）年一二月三日の改暦より以前は、日本史の事項については陰暦の年月日を使用した。

跡見花蹊
——女子教育の先駆者——

2018年3月31日　初版第1刷発行　〈検印省略〉
2023年1月20日　初版第6刷発行

定価はカバーに
表示しています
著　者　泉　雅博
植田恭代
大塚　博
発行者　杉田啓三
印刷者　藤森英夫
発行所　株式会社　ミネルヴァ書房
607-8494　京都市山科区日ノ岡堤谷町1
電話代表　(075)581-5191
振替口座　01020-0-8076

亜細亜印刷

ISBN 978-4-623-08228-5
Printed in Japan

《著者紹介》

泉　雅博（いずみ・まさひろ）　第一章・第二章担当
神奈川大学大学院経済学研究科経済学専攻博士課程単位取得満期退学
博士（歴史民俗資料学）
現　在　跡見学園女子大学名誉教授
主　著　『海と山の近世史』吉川弘文館，2010年
『海と非農業民――網野善彦の学問的軌跡をたどる』岩波書店，2009年（共著）

植田恭代（うえた・やすよ）　第三章・第四章担当
日本女子大学大学院文学研究科日本文学専攻博士課程後期単位取得満期退学
現　在　跡見学園女子大学文学部人文学科，教授
主　著　『源氏物語の宮廷文化――後宮・雅楽・物語世界』笠間書院，2009年
『紫式部』笠間書院，2012年

大塚　博（おおつか・ひろし）　第五章担当
早稲田大学大学院文学研究科日本文学専攻博士課程単位取得満期退学
現　在　跡見学園女子大学名誉教授
主　著　「中野重治『甲乙丙丁』事項索引」『跡見学園女子大学短期大学部紀要別冊』第８集，2002年

人名索引

あ　行

か　行

さ　行

た　行

な　行

は 行

ま 行

や　行

ら　行

わ　行

事項索引

あ 行

か 行

さ　行

た　行

な　行

は　行

ま　行

や　行

ら　行

わ　行